Catcher

一如《麥田捕手》的主角，
我們站在危險的崖邊，
抓住每一個跑向懸崖的孩子。
Catcher，是對孩子的一生守護。

療癒26顆破碎的心

怡慧老師的閱讀課

宋怡慧

教育部閱讀磐石獎閱讀推手獎得主
聯合線上專欄作家
《親子天下》翻轉教育網站駐站作家

158位教育、閱讀等名人齊聲推薦（依姓氏筆劃順序排列）

教育等各界名人

王政忠（作家、南投縣爽文國中教務處主任）
李貞慧（作家、高雄市後勁國中教師）
李偉文（牙醫師、作家、環保志工）
林美琴（作家、閱讀培訓講師）
林德俊（專欄作家、霧峰「熊與貓咖啡書房&樸實文創」主人）
凌性傑（作家、台北市建國中學教師）
陳清圳（作家、雲林縣樟湖生態國中小校長）
張道榮（作家、台北市博愛國小教師）
許榮哲（作家、走電人電影公司負責人）
陳藹玲（富邦文教基金會執行董事）
陳麗雲（作家、新北市修德國小教師）
彭菊仙（親子作家）
黃國珍（品學堂創辦人）
董雅詩（香港創意閱讀教育協會會長）
蔡幸珍（新北市書香文化推廣協會理事長）
蔡淇華（作家、台中市惠文高中圖書館主任）
鄭俊德（百萬「閱讀」粉絲團創辦人）
蘇明進（作家、台中市大元國小教師）

大學教授等

毛世威（陸軍軍官學校機械系教授）
邱宜文（國立台北商業大學通識教育中心教授）
李俊儀（國立台北大學師培中心主任）
吳懷晨（國立台北藝術大學通識教育委員會院長）
范宜如（國立台灣師範大學國文系教授）
易理玉（國立台灣師範大學國文系兼任講師）
陳欣希（台灣讀寫教學研究學會理事長）
許育健（國立台北教育大學語文與創作學系教授）
陳昭珍（國立台灣師範大學教務長）
張瑞村（朝陽科技大學師資培育中心教授）
陳劍涵（淡江大學師培中心主任）
葉丙成（國立台大電機系教授、PaGamO創辦人）
楊曉菁（國立戲曲學院華語中心主任助理教授）
鄭富春（輔英科技大學共同教育中心主任）
魏裕昌（中國文化大學資訊傳播學系教授）
顧蕙倩（銘傳大學中文系助理教授、詩人）

國、高中校長等

海外

庄琇鳳（馬來西亞吉華獨立中學校長）
吳麗琪（馬來西亞巴生濱華中學校長）
張永慶（馬來西亞波德申中華中學校長）

台灣

于賢華（新北市淡水商工校長）
方麗萍（苗栗縣公館國中校長）
古秀菊（新北市海山高中校長）
邢小萍（台北市永安國小校長）
李立泰（新北市泰山高中校長）
吳宗珉（新北市竹圍高中校長）
何高志（苗栗縣新港國中小校長）
吳惠花（新北市老梅國小校長）
吳鈺崧（苗栗縣通霄國中校長）
李瑞緻（彰化縣政府教育處課程督學候用校長）
周志強（台南縣錦湖國小校長）
林武龍（新北市正德國中校長）
林愛玲（新北市米倉國小校長）
范筱蓉（新北市福和國中校長）
柯雅菱（新北市中和高中校長）
施雅慧（新北市北大高中校長）
高文良（新竹縣新樂國小校長）
徐永明（新竹縣鳳岡國中校長）

唐玉真（新北市南勢國小校長）
高栢鈴（新北市林口高中校長）
莊智鈞（台北市大同高中校長）
張云棻（台北市永春高中校長）
陳玉芬（新北市永和國中校長）
陳君武（新北市中山國中校長）
陳勇延（國立興大附中校長）
陳棟遠（新北市秀峰高中校長）
許志瑋（台中市安和國中校長）
陳榮錦（台中市霧峰國小校長）
黃仲平（彰化縣竹塘國中校長）
彭盛佐（新北市雙溪高中校長）
辜雅珍（基隆市武崙國中校長）
曾慧媚（新北市丹鳳高中校長）
楊書端（彰化縣大城國中校長）
楊憶湘（新北市石碇高中校長）
詹馨儀（台北市中等學校課程與教學協作中心課程督學候用校長）
劉曉雯（國立新竹高商校長）
鄭文洋（新北市華僑高中校長）
歐志華（新北市坪林國中校長）
賴來展（新北市金山高中校長）
賴春錦（新北市板橋高中校長）
蕭慧吟（新北市集美國小校長）
鍾兆晉（新北市二重國中校長）
顏龍源（新北市瑞芳高工校長）

圖書館主任等

王之敏（聖功女中圖書館主任）
文士豪（國立建國中學圖書館主任）
吳作楫（國立苗栗高中圖書館主任）
范綺萍（新北市秀峰高中圖書館主任）
林曉茹（新北市新莊國小教務處主任）
胡惠玲（國立中山大學附中主任）
倫雅文（香海正覺蓮社佛教正慧小學圖書館主任）
陳江海（台南市新化高中圖書館主任）
陳有富（苗栗農工圖書館主任）
陳建銘（台中市立忠明高級中學教務主任）
陳琬婷（嘉義縣立竹崎高級中學圖書館主任）
許詩停（宜蘭縣凱旋國中輔導處主任）
張碩玲（雲林縣二崙國中輔導處主任）
彭仁星（苗栗縣永貞國小教務處主任）

黃加明（台北市松山高中教務處主任）
葉俊士（新北市三重高中主任）
曾碩彥（新北市海山高中教務處主任）
謝易達（新北市海山高中圖書館主任）
謝政哲（台南市學甲國中輔導處主任）
鄭潔慧（高雄市瑞祥高中圖書館主任）
簡俊成（台北市復興高中圖書館主任）
顏淑惠（興國高中圖書館主任）

閱讀推手教師

王佳雄（新北市林口國中教師）
王銘聖（澎湖縣馬公國中教師）
伍莉玉（國立竹山高中教師）
江婉瑜（新北市徐匯中學教師）
江福祐（新北市板橋國小教師）
吳宜玲（新北市漳和國中教師）
李明融（台中市沙鹿高工教師）
邱惠美（台北市華江高中教師）
邱照恩（新北市南山高中教師）
李榮哲（台北市立建國中學教師）
呂覲芬（國立家齊高中教師）
吳勇宏（國立宜蘭高中教師）
呂郁雯（台北市百齡高中教師）
吳韻宇（桃園市慈文國中教師）
周幸吟（新竹縣東興國小教師）
林彥佑（高雄市林園國小教師）
林健豐（高雄市右昌國中教師）
胡秀芳（新北市樹林國小教師）
洪婉真（桃園市東興國中教師）
洪華穗（台北市麗山高中教師）
陳乃誠（新竹市竹光國中教師）
張文銘（台中市光德國中教師）
陳佩汝（台北市興雅國中教師）
郭育良（彰化縣草湖國中教師）
陳佳釧（新北市頂埔國小教師）
陳政一（澎湖縣文光國中教師）
陳姿君（台北市濱江國小教師）
陳盈州（國立台南高商教師）
張原禎（新北市德音國小教師）
郭勝得（台中市外埔國小教師）
張聖山（台南市新上國小教師）

陳鳳貞（彰化縣大竹國小教師）
陳筱珊（高雄市國教輔導團教師）
陳曉芳（國立斗六家商教師）
陳威儀（台南市崑山國小教師）
李麗敏（台北市大同高中教師）
黃怡嘉（彰化市民生國小教師）
黃秀精（新北市麗林國小教師）
曾明騰（彰化縣員林國中教師）
黃春香（宜蘭縣國文輔導團團員）
葉奕緯（彰化縣田中高中教師）
黃琇苓（國立苗栗高中教師）
楊恩典（彰化縣鹿鳴國中教師）
劉文尚（雲林縣鎮南國小教師）
劉怡伶（台中市宜欣國小教師）
劉怡瑩（台中市和平區自由國小烏石分校教師）
劉美娜（台中市崇倫國中教師）
廖修緯（新北市崇德國小教師）
廖敏村（台北市金華國中教師）
蔡耀昇（雲林縣建國國中教師）
鄧安琪（新北市樟樹實中教師）
歐陽宜璋（北一女中學教師）
賴和隆（台北市中正高中教師）
賴靜慧（彰化縣二水國中教師）
蘇明淦（台北市私立延平中學高中教師）
蘇恆誠（台北市松山工農教師）

【特別企劃】

愛上閱讀的12個理由

一、無須任何理由，純然地喜歡閱讀的樂趣

當你與一本命定的書遇上了，帶來身心全然的快樂，無須任何的理由，就是走進一見如故、再見鍾情的緣分。

如果，我們願意一生與書相友，只有一個簡單的理由，就是我們喜歡閱讀的心情，純粹享受戀上閱讀的感覺。沒有偽裝的勉強，單純沉醉在文字廣袤的海洋；**沒有任何目的，只想與作者的靈犀在書裡相遇**。此刻，作家與讀者流轉的情分，穿越時空，自然地如

日月運行，星辰綻光，閱讀像呼吸一樣自在自由，讓你感受愛就是愛了，沒有理由的快樂。一如張愛玲說的：

於千萬人之中遇見你所要遇見的人，於千萬年之中，時間的無涯的荒野裡，沒有早一步，也沒有晚一步，剛巧趕上了，沒有別的話可說，唯有輕輕地問一聲：「噢，你也在這裡？」

二、與先知促膝長談，找到生命智慧之光

閱讀的世界更繽紛精采，猶如與先知促膝長談，重溫感動、找回純真，猶如生命曾流傳而下的智慧靈光、世代相承的文化藝術，都記錄在書冊文字裡。

閱讀讓我們以古鑑今，透過簡便、快捷的方式，幫助我們解決現在的問題，提升身心素質，精進自己學養。

閱讀為我們搭建知識與探索的鷹架，讓我們擺脫平庸的囿見，找到好奇與思辨力，每一本書彷佛為我們開啟通往古今中外的大門，多閱覽一頁書扉，就多行旅人間精采的風景。尤其，閱讀能按著自己的速度、步調，漸漸看見世界的全貌，欣賞事務的面向，綜觀文化的多元。

閱讀的諸多美好，能讓我們不愛上閱讀嗎？一如笛卡兒說的：

我思，故我在，讀好書，有如探訪著書的先賢，同他們促膝談心，而且是一種精湛的交談。

三、站在巨人的肩膀上，找到世界地圖的位置

ＡＩ人工智慧時代的來臨，人之渺小，層層包裹於宇宙的未知之中，閱讀讓我們樂於探索未知，激盪好奇心，與書為友，文字沁慰人心，讓思考不被框在程式化、重複性、記憶性的侷限，跳脫反覆練習的窠臼。

透過閱讀的歷程，轉而內化為個人的知識庫，有助認知、理解、推理、探索未知，認識浩瀚宇宙的奧妙，讓胸臆充盈閱讀的趣味，擁有美感力、決斷力、跨域力、思考力，有系統地解決科技社會複雜的生活問題。

閱讀成為一種力量，超越時空的藩籬，把我們從眼前的世界延伸到過去和未來。站在巨人的肩膀上看世界是閱讀的傲然姿態，也讓我們在世界地圖中，找到自己的定位。一如牛頓說的：

如果說我比別人看得更遠些，那是因為我站在了巨人的肩上。

四、閱讀是世間投資率高，CP值破表的事情

在英國有一群熱愛閱讀的人士自主推廣「快讀」（Quick Reads）的閱讀計畫，其報告與數據指出：**每週花三十分鐘閱讀，就能讓生活更美好、身心更健康，閱讀成為投資報酬率最高的工作**。

尤其，愛閱讀的人容易輕鬆入眠；不常感到孤單；擁有更佳的文化覺知能力、創造力；更懂得與朋友相處、規劃與安排自己的生活，用閱讀投資人生的CP值更形破表。因此，閱讀成為現代人快樂生活，力抗憂鬱的解藥，一如曾志朗說的：「閱讀進行時，文字的訊息進入大腦前顳葉，經過一連串的接收器，產生類嗎啡作用，讓人產生快樂。當愈多新的訊息進入大腦時，類嗎啡的接收愈多，快樂的感覺也就愈強烈，這正是閱讀伴隨而來的快樂。」

悠閒地徜徉在文字的世界，躍動的悅讀心跳聲，帶來平靜溫暖的越讀情韻。閱讀讓人間所有的美麗翩遝而來，讀書獨享的心靈富足，也只有閱讀者才能體現。一如大文豪湯馬斯說的：

自己喜歡在花園裡讀書。有時候，光聽著風翻動書頁的聲音，便覺得人生美妙不過了。

五、善於規劃執行，具備創新應變的能力

閱讀讓一個人能不斷地成長，具備創新應變的能力，閱讀使人心明眼亮，讓一個人不斷與時俱進，接軌新知。

閱讀者善於從前人成功的經驗中，利用楷模學習的經驗，找到創新改變的能力。每個作家都有獨立的自我意識，無論是暢銷書、經典、孤本，絕版書，都能提供我們從中思辨，在書中看見問題，進而創新思考，從學習、發問、深思的過程，化無知為已知，找到創新應變能力。

從閱讀培養向專家學習，從聖哲一步一腳印的經驗，累積規劃執行的能力，找出因應現在最好的決策。一如伏爾泰說的：

書讀得愈多而不加思索，你就會覺得你知道得很多；但當你讀書而思考愈多的時候，就會清楚地看到，你知道的很少。

六、與世界連線，找到實現夢想的超能力

面對知識爆發的網路時代，真實印證學而不思則罔的道理：閱讀帶來思辨的光點，更

是翻轉人生、實現夢想的關鍵。

3C產品的流行，我們正處在容易分心的時代，我們無法改變時間長度，但可以改變時間密度。閱讀讓青春不留白，讓你與世界連線，進而**發掘自己的潛能，甚至，有策略地讓你的夢想與現實快速連結，找到與逆境對決的武器**。

在閱讀的世界裡，每個作家以獨有的符號運用、創作美學，與讀者進行內在價值的溝通與表達。因此，閱讀讓我們在不同的文本中，以嶄新概念、多元角度，找到思考前進的動力。讓你樂於接近知識、走進書的世界，對事物有不同的觸角，不僅讓自己的思考具有深度與廣度，也能輕鬆地與世界連線，從中得到啟發，找到實現夢想的超能力。一如郝明義說的：

閱讀與夢想，存在著兩種關係。一種是，因為我們閱讀，所以發現了一個夢想，自己的人生因而改觀；另一種是，因為我們先有了一個夢想，所以透過閱讀來累積自己前行的資糧，因而改變了自己的人生。

七、善於與孤獨自處，愛書、愛人、愛世界

人生常處於孤獨行走的旅程，閱讀彌補我們錯過燦好風景的遺憾，面對不完滿的人生，靈魂感動靈魂的深情，培養挫折容忍度，因有書為伴，容易找到自處的豁達與自若。

閱讀能自我療癒，偶爾映入眼簾的脫困金句，讓我們找到愛書、愛人、愛世界的力量。在閱讀裡，無聲的隱形好友，在文字裡產生似曾相識，相親相愛的共鳴，讓自己進行內在對話，在文字氤氳的祕密花園裡，找到孤寂又自負、勇敢又獨立的內在，任何無常逆襲的時節，總能在書中找到答案，欣然悅納，安頓身心。

閱讀讓我們懂得傾聽內在的鼓音，懂得赤誠待人，擁抱人群，在書本裡邂逅真理，找到世界的共好的目標。一如哲人培根說的：

歷史使人聰慧；詩能使人靈巧；數學使人慎密；自然哲學使人深遠；倫理學使人莊重；邏輯學與修辭學使人善辯。與書為友，相交滿天下。

八、突破生命困境，提高人生思辨的層次

在人生顛沛困頓之時，在是非黑白蒙昧之際，閱讀彷佛若有光的指引。**哪些是重要的**

事，甚至哪些是不重要的事，其實都是閱讀告訴我們的。閱讀能讓困境找到更好出路，讓人生優化。

當一個人面對困難，閱讀讓我們試圖找尋不同的機會，不畏懼蹇困考驗；甚至凝鍊內在飽滿的能量，找到突破生命逆境的勇氣，願意不斷嘗試，絕地逢生，找到柳暗花明又一村的契機。

閱讀告訴我們：人生可以透過不同形式，找到許多的機會，展開與別人截然不同的思辨人生。沒有閱讀微光的燦亮，就無法突破現實的迷霧，提高人生的思辨層次。一如愛因斯坦說的：

我看我自己，就像一個在海邊玩耍的孩子，找到一塊光滑的小石頭，就覺得開心。後來我才知道自己面對的，還有一片真理的大海，那沒有盡頭。

九、書照映內在的自我，我們為自己閱讀

《為什麼讀書》寫著：「我們不是為了書而讀書，而是為了自己而讀書，因為讀者是最自私的。」

失去健康時，我們希望透過閱讀贏回一點活下去的理由；失去自信時，我們留心如何開始練習喜歡自己、愛上自己。原來，閱讀有時候是為了自己的需要而讀書的。更進一步來說，閱讀像一面鏡子，我們從文字的波光中，映照樸實無華的自己。一如在茫茫人海中，雖已擦身而過，卻因閱讀再次回眸，好像在找尋靈犀相通的知己，一個可以相互取暖的同溫夥伴。

我們在書裡看見另外一個自己，因為價值與觀點的重疊，與作者有了深情的交集，有了溝通對話的信賴，我們在書裡凝聚共識，從中成長，找到自省、覺察問題的能力。因此，對於多元社會的文化能同理，對於國際事務的繁複能理解。閱讀讓我們展現善意，找到夥伴，共同反思問題。一如「香港書獎」說的：

當你讀深了一本書，心態就會融入書中，書本像一面鏡，在書中能看到你自己的影子，照出內心反思自我。

十、閱讀是終身的承諾，也是「我是誰」的答案

閱讀是不會因為任何原因而停歇的，因為閱讀是我們終身的承諾。閱讀讓我們找到改

變的起點與歸零的勇氣，是讓內在價值解構、重構的過程。我們進行一場又一場的心靈浪流，讓我們願意拋棄固有的成見，透過系統思考離開習慣的軌道，進而探索生命的方向，不怕輸，不設限，重新定義成功的價值。

閱讀讓我們願意走一條艱辛的遠路，面對「我是誰」的探問，一次又一次地重新歸零，再出發。

閱讀讓我們為自己的生命找一個真正的答案，闖出屬於自己的湛藍天空。從他人生命跫音的叩響，找回遺落的真心，尋回生命的感動，在沒有少過的挫折裡，願意捲起袖子，與需要幫忙的夥伴在一起奮鬥，這就是愛上閱讀的終身承諾。一如詹妮特・溫特森所說的：

一本書就是一個世界。在閱讀時，每個人都能輕而易舉地接納多重世界。書本讓我們看到了生活的紛繁雜蕪，層層堆積。書本並非逃避，它們本身就是一個出口。

十一、閱讀許我談情說愛的機會

生活裡，閱讀無所不在。不同的年歲就會有不同的文本帶著你成長、領悟，心有靈犀的愛戀交會在文字的光亮處。它救贖我們脫離落難的時刻，孤獨寂寞的霎時。

愛是人生的練習題，我們都是愛上了，才開始學著愛人的。「問世間，情為何物，直教人生死相許。」閱讀讓我們靜心去愛，放心去愛，耐心去愛，專心去愛，用心去愛，找到五心級的戀愛方程式，安然抵達「你的過去我來不及參與，你的未來我陪伴到底」的愛情祕境。

閱讀讓我們理解愛情，相信愛情，懂得經營愛情，成為世間有情人。閱讀照見我們的真心誠意，與對方真情互動，在相愛的旅程中，我們都善於談情說愛。

愛一個人就像閱讀一本書，你說願意、他說好，就可以往下走。單身快樂是種選擇，與子偕老也是種選擇，若能找到適合的，就要真心認真地愛了。一如霍姆斯說的：**書的精采之處，不在論述的見解，而是絃外之音帶給人的啟發；就如同音樂的動人之處，不在曼妙的旋律，而是迴盪在我們心中的震顫。**

十二、為人生問號，留一本書的空間來對話

閱讀讓我們慢下來，感覺一份情感的溫度；閱讀讓我們慢下來，感知一段春青的召

喚。慢下來，再慢下來，聽別人說說話，寫故事，關於成長、青春、夢想。

《小王子》：「你對於我將是世界上唯一的，我對於你也將是世界上唯一的……」在一個沒有標準答案的時代，人生不就是在悲喜交集之處，我遇見了你，你遇見了我，然後，許一段承諾，結一段因緣，交集，離散，依依。

閱讀讓我們把每個今天都當作最後一天，每一刻都拚命去找答案、去認真地生活，並走在追求自己的風格裡。

閱讀是為我們的價值提燈的人，這盞微光讓我們能找到精準的方向，為每個人生的問號，留一本書的空間來對話。

閱讀許我們溫暖而慈悲的眼神。一如許悔之說的：

我向你合掌／有一世我哀傷的時候／你給過我／溫暖而慈悲的眼神

【自序】

閱讀是思念父親的表情

比起太過完美的回憶，多少存在些人性缺點的記憶會更令人懷念。——向田邦子

終於鼓起勇氣，以振筆疾書的狂草，傾訴無法在父親懷裡說的話。

能說出口的，通常都不是最沉痛的。緘默於心的，卻是一生一世的傷口。

這篇自序，謄寫我與父親詰屈聱牙的過往，糾纏不清的感情。一如《回憶父親的一百種表情》提的：「害怕自己還沒弄懂父親，父親卻已隨著不斷推進的時間而模糊不清……」

我和父親的關係，總遊走在斷抑或是不斷的抉擇關卡。

九歲後，父親的位置在成長系譜漸漸地缺席，我不懂，曾對他有過不可撼動的尊敬與摯愛，盤根錯節的戀父情結，如何能從記憶中狠狠地被連根拔起？

那麼傷痛的感覺，在成長的過程中，我怎會無感到可以置之不理？

郭強生說：「人生就是同一張試卷，年輕時你隨便作答；二十年後這張試卷會再交到你手中，要你重新檢查一遍。」

親手讓父親從記憶缺席的那夜，所有好的、壞的，悲傷的、快樂的父親模樣，徹底從我心中出走。

從此，缺席的位置，讓我想愛也愛不了，想恨也恨不動，我們的生活像是兩條平行線了。

細心的朋友問過我：在你的親情書寫中，獨缺父親的角色，甚至，有種絕口不提的負氣，難道那是一塊被封鎖的禁地？

絕口不提，是代表不愛了嗎？還是擔心提了，築起的高高牆堤，就會被鋪天蓋地的思念波濤，擊打而潰堤？

楊索的文字細細密密地召喚著：

我決定拋棄和父親的小販生涯綑綁在一起的年代，這項刺激是來自眼見父親在酗賭、小販的角色中游移，最後經常是我在收攤，而我清楚地知道，那是他的人生，不是我的人生。

讓我對父親深藏的記憶與感知，瞬間竄動血脈，無所遁逃，彷彿打開潘朵拉的盒子似的，屬於父親鐵鏽的氣味，竟漫身環繞，揮之不去。

這次，清楚明白：**自己躲不過了，終究是到了該面對的時候了。**

潛意識裡，我不容許完美父親的形象有任何崩壞的可能：父親是慈祥、詼諧、勇敢、慷慨……父親無心的缺席，讓依賴書寫療癒的我，選擇以「留白」作為封存自己對父親若有似無的情感依戀。

長相俊美的父親，曾想要當位像劉文正似的偶像歌手，才二十三歲，就因我的降臨，被迫肩負起父親的責任。當年的他青澀浪漫，在根本不懂要怎麼當個好父親時，就當了父親，甚至，被迫要與青春說再見。

放棄人生的夢想，走進柴米油鹽醬醋茶的現實世界，是在痛快啜飲青春純釀的年紀，這是多折磨人，又無奈的境遇。我曾偷偷地想：他有過埋怨嗎？他有過反抗嗎？還是懵懂到連說不的權利都沒有。

沒有太漂亮文憑的他，在陌生的城市，一無所依，找不到理想的工作，只能選擇「鐵工」的工作。

當年，那是賺錢最快，憑藉強健體魄就能掙錢的機會。

月初，父親會用沾滿鐵鏽的雙手，誠懇地拿著新餉給母親。

那晚，母親會貼心地到雜貨店買瓶啤酒回家，用一瓶酒的美好時光，為父親的賣力慶功。父親彷彿脫口秀的主持人，說到眉飛色舞，也要我去小啜一口啤酒，共享同歡。

身為鐵工的女兒，從可悲可嘆的故事裡，提早認識現實社會的人生百態，每個人都有自己的故事，一如薛西弗斯的荒謬英雄命運。

父親的身分，讓我在閱覽別人的故事，也在書寫自己的故事。

我崇拜父親的瀟灑，也感激他咬牙苦熬，那時候的我們，日子過得很清苦，心裡卻是很甜美的。他靠兩隻手撐起我們母女的一片天。

我們相互守護，從沒有在彼此的日子缺席過。

不知為何，此刻，憶起他的模樣，還是會想起鄭愁予《野店》的句子：「是誰傳下這詩人的行業，黃昏裡掛起一盞燈，哀傷的記憶就被這樣美麗詩句承載了愁緒，憑藉著微光的方向，重新啟程了。」這世界最動人的職業非詩人莫屬，這世間最純潔的父親面容就框在當下，不染俗世煙塵，不沾歲月凡味。

每次父親喝得微醺，就會把我舉高高，要我坐在他的肩頭遠眺世界。

他告訴我：「人窮，志不可窮，靠勞力賺錢，雖是辛苦，卻心安理得。」他從僅有的歷史常識，說著劉備、朱元璋出身寒門，最後為何能成為開創大局的君王，原因就是：英雄不怕出身低，我們絕不能向命運低頭。

偶爾，回想自己推動閱讀的每個重要時刻，父親的性格彷彿複製到我的意志裡，他對我的期待，一如我對學生的盼望：唯有教育，能讓貧家子弟安然翻身，唯有閱讀，能讓人人平等，與知識共舞。

父親偶會在喝完酒後，引吭高歌，唱著唱著，就把我抱緊緊的。

他豐沛的熱情，潔淨的眸光，總讓我感受到被愛的幸福。

有次，他聽見母親說著仙杜瑞拉的故事時，竟斥責媽媽：「說故事也要挑選一下，被欺負還不反抗，這是哪門子童話故事，鬼扯。別告訴女兒這種奇怪的道理，誰欺負你們，我可要一分一分討回來的。」

直至今日，我才知道父親帶給我的影響，遠勝於我的想像。我對偏鄉教育的關注，對社會正義的追求，對學生不放手的癡心，都來自於我是父親的女兒。

如果，我們都可以活得理性一點就好；如果我們能收斂一點感性就好，我們的人生應該都能活得輕鬆些，也快活些。

骨子裡，我遺傳了他的性格，雖然，自始至終，我都不願意承認這個事實。

父親外放而驕傲，從不以為鐵工這個身分，有什麼好隱晦的，常常在街頭巷尾，就大剌剌地把頭抬得傲然地走著。甚至，把我舉得老高，神氣地炫耀著：**瞧，我的女兒有多與眾不同，她有多可愛。**

父親喜歡聽我搖頭晃腦地讀古文，背唐詩宋詞，總和身邊的人說：「歹竹出好筍啦，我家小公主以後一定是拿筆坐在辦公室，吹冷氣的上班族。無論如何，我都會努力賺錢供她讀書。」

父親呀，父親，如果我們要算總帳，我還是想當你的女兒，因為，你是這個世間，第一個真心愛著我的男人。

尹熙一說：「長大後的我們，總是忘記父親也有他自己的人生，也有他用自己名字走過來的日子，也有他必須面對的未來。」

父親單槍匹馬想為我們殺出一條血路時，命運沒有給我們太圓滿的結局。

父親鐵工的身分，讓我們在傳統階級意識裡，度過艱難的流光。別人的眼光、蜚短流長的閒言閒語，讓母親對人性摻雜失望與悲觀。

療癒26顆破碎的心

父親倒是樂觀得很，他總愛說：**命運給我們一個比別人低的起點，未來會給我們一個比別人高的終點**。

印象中，母親唯有在等待父親回家的時候，身子才會站得直挺，眼光才會堅毅地遠眺，看起來精神奕奕。

當時，我不懂「常存抱柱信，豈上望夫臺」的詩境，卻能深刻體會到母親對父親永固的情愛，早已是鐫刻於心的深刻。我見過父親眼中為母親流瀉的款款柔情，也感受過世間最美麗的堅貞愛情。似曾相識的感動在攬讀《鹽田兒女》、《千江有水千江月》的文字裡悄然窺見：**男女主角一如父母愛得真切也熱烈，愛得勇敢也純淨**。

莎士比亞說過：愛情是一朵開在懸崖上的花，想摘取就必須要有勇氣。

母親的性格是內斂的安貧者；父親卻是不安分的海派者。

母親焦慮父親的海派，開始無力負載父親在外許下的有形與無形的「支票」。

曾經承諾要許母親一個更好未來的人，後來，不僅背棄誓言，隨著工作職位愈攀愈高，回家的時光也愈來愈少。

母親被父親的隨性傷得餒累，人也變得寡言起來。

他的藍領身分，給了我們困窘的外在，卻給予我們安靜寧謐的內在；

他的白領身分，給了我們榮華的外在，卻給予我們千瘡百孔的內在。

最後，恩愛夫妻遇到價值觀的背離，愛情在爭執裡愈磨愈薄，濃烈的感情漸漸走到山窮水盡，甚至，到了一點情分也不剩的局面。

緊縛在我們手上的親情絲線應然斷裂了，斷到任誰也不知如何能再把它串接起來。

父親與我們的關係漸行漸遠。每個人都有不願面對，或不願想起的記憶。

母親自此不太願意再與我談他對父親的真正感覺。

湊佳苗說：「我們所擁有的關係之中，愛一個與你有血緣關係的人，你需要負起責任。也許正是因為如此，恨一個與你有血緣關係的人，你才會感到安心……」

我開始不懂要如何為父親荒唐的行徑做辯護，心目中那個像峻山一樣巍峨的男人，值得一生一世依靠的男人，為何會在一夕崩坍？

年少的我，對世界充滿疑惑與徬徨，歌德塑造夏綠蒂和維特，讓陷入煩惱漩渦的我，不斷地叩問「我是誰」。如何掙脫既有價值的羈絆，走出情緒暗黑的地窖，閱讀給了我答案，也讓我找到面對問題的勇氣。

我在經典小說中改寫年少陰鬱的心情，經典悲劇人物成為人生的懸問：卡繆的《異鄉人》解決過內在的焦躁與人際的疏離；赫曼．赫塞的《流浪者之歌》不斷安慰我：「也許吧，我就像你，你也不愛任何人。我們這一類人也許不會愛人。」馬奎斯的《百年孤寂》讓我知道：每篇好小說都是這個世界的謎，閱讀讓我習慣與孤獨共處。

每個決定，都是我們自己選擇的，我們要為自己的決定負責。

曾經，我極度討厭自己浪漫多情的性格，它複製於父親，複製得徹徹底底。我開始刻意與人保持距離，不喜歡複雜的人際圈，憂鬱成了我的底色，沒有父親的日子，我變成透明的魚，沒有自己的顏色，也失去愛人的能力。

一如莒哈絲《情人》說的：「寫作，若不能每次都將最複雜難解的事情，藉由穿透某項不可說的核心本質，將它們呈現出來，那麼它就不過是廣告宣傳品罷了。」

我試著用書寫找到眾聲喧嘩之外的寧靜；從孤獨的自處中看見自己獨特的姿態；抉擇的智慧、覺察的力量，在閱讀中不斷鍛鍊而累積，如今，能再次回望我和父親的關係，也是閱讀帶給我的改變。

承諾與謊言，愛人與被愛，遺棄與擁有，讓我不再決絕地捍衛固執的自己。在書寫的流光裡，我憶起朱志清〈背影〉中，那段父子和解的情深。現在，我想以鐵工女兒的身分，和父親進行一場真正的和解。

謝謝你，帶我來到這個世界；謝謝你，成為我生命第一個愛我的男人；謝謝你，讓我遺傳你的堅強，在面對困境時，願意選擇絕地逆擊，即便獨走也不害怕。

父親是我專屬的光，也是我生命燦爛的太陽。

唯有回望推動閱讀的往事，我隱約感覺體內住著一個與父親身影重疊的模樣：他一擲千金、為朋友兩肋插刀，愛上了，就不願放手的執著，如實地複製到我的生命裡。

願意為閱讀遠赴他鄉，一文不取；願意為閱讀忍受孤寂與痛苦，只求學生能在閱讀中體會莊子所說「獨與天地精神往來」的道理，即便孤獨，也能找到熱愛生活的動力。

行筆至此，到了該放下前塵往事的時節，屬於父親的風景，就讓它回到雲淡風輕的時刻。閱讀，是我思念父親的表情，謝謝父親，曾把全世界最珍貴的無私地都贈予了我，如今，我心亦然。

part1 孩子，其實這世界並不完美

part2 孩子，這世界有時讓我們很傷心……

目錄

part1

孩子，其實這世界並不完美

「老師，我欠你一個拳頭。」

——談溫暖

那天放學，他走進我的辦公室，對我說：「老師，我欠你一個道歉，欠你一個鞠躬，欠你一個拳頭。」

不知為什麼，我聽到「欠」這個字，淚如雨下。

在擔任這個班級的國文老師前，同事就時而擔憂、時而提醒我。班上有個模樣好看的孩子，但脾氣火爆，是叫不醒的超級大睡魔，要我做好調適，放下過往的標準，否則日子可能會難過。

或許，我被打過預防針了，所以我特地設計不少互動式的課程，企圖讓我的後母角色能翻轉，也給他一點新氣象或新感動。

班上的同學都很捧場，但唯獨他，不為所動。偶爾，他挑幾堂喜歡的課聽，但其他時間，幾乎都在趴睡。長久以來，他的精神狀況彷彿沒有一刻是清醒的，同學看來也司空見慣了。

但這一次，他竟大剌剌地拿個瑜伽墊，在教室的角落蜷曲著身子躺睡。

這一幕，對我的打擊不小。

於是在上課前，我喚了他數次。

全班都被我高八度的聲音震懾住了，唯有他穩如泰山，一動也不動。

終於，我耐不住脾氣，直接衝到他的位置，蹲著，大力地搖醒他：「再睡下去，人生都睡光了。年紀輕輕，不懂珍惜光陰，我忍你很久了……」

剛被喚醒又被奚落的他，似乎火氣也很大：「吵什麼啦！老子睡了十幾年了，也沒怎樣。你再吵，小心挨揍。找死。」

意料之外的一擊

再怎樣，我也是有底線、有尊嚴的人。

孩子挑釁的語言，不友善的眼神，讓我忍不住回嘴：「現在是做賊的喊抓賊嗎？你是老師，還是我是老師，搞清楚！誰才是這個班的老大。」

「老大，你這副德行，卒仔還差不多……」他冷笑了起來。

真想來個當頭棒喝，更想直接和他單挑。

不甘受辱的我，狠狠地、重重地戳了他肩窩一下，並試圖把他拉起來。但這一拉，讓我幾乎失去平衡。冷不防地，還被他失控的一巴掌，打中頭頂。

我開始覺得頭昏目眩，感覺暈頭轉向、頭昏眼花。

「老師，你還好嗎？」學生七嘴八舌的關心，讓我內心極為困窘，但仍強裝鎮定地安撫同學的情緒，胡亂地繼續把分組活動跑完流程。

待下課鐘響，我幾乎是奪門而出。我再也無法在那個教室多待上一秒鐘，周遭的空氣稀薄到讓我幾乎快窒息。

一奔回辦公室，見了感情親近的同事，我忍不住哭了起來。

同事驚慌地帶我去醫院做頭部掃描，甚至熱心地要我把醫師診療單留下來，或許，未來可用來討回公道。

醫師告訴我：「目前沒有腦震盪的跡象，聽覺、視覺檢查看來也都正常。不過，這三日還是要多做觀察，若有噁心嘔吐的情狀，還是要來急診。」

那天晚上，我睡得十分不安穩，後來，還發燒。

母親見我狀況不好，緊急帶我急診，也迷信地帶我去收驚。

短短一年，孩子巨變

據說，孩子被家人帶回管教一週，等反省完畢，觀察其行為好轉後，才能到校入班學習。大家刻意淡化當日的事件，我也刻意不讓自己在課間望向他的空位。我們彼此好像在守著什麼禁忌，但更弔詭的是，班級氣氛卻變得超級和諧、歡愉。

這種假面的感覺，讓我的內心還是不時會湧起難言的疼痛。那孩子的眼神、語氣、表情，從來沒有離開我的腦海，記憶框在我的心版上。貼心的同事，察覺我的異狀，替我做了一件極為重要的生命開導。

「怡慧，你仔細讀讀他的輔導紀錄表。紀錄表上寫著：品學兼優，積極樂觀。活潑開朗，樂於助人。熱心公益，人際互動良好。」但突然，學生評語的內容急轉直下：

「冥頑惡劣，不服管教。頂撞師長，情緒失控。學習不力，渾渾噩噩。」

「一個人的變化為何會在短短的一年時間，有這種天壤之別？」

「國一，他的父母離異，與年邁的外公、外婆一起生活。國二時外公、外婆去世，他寄住舅舅家。嗜睡、學習無動力、疑似偷竊……」

從正面表述到滿滿的負評，孩子的紀錄表彷彿八點檔連續劇的情節，曲折到前後恍若不同人。

「怡慧，那孩子其實很可憐，你就幫幫他。我看得出，你是能為他提燈的人。」

同事輕輕點過的一句話，讓我想起雨果《悲慘世界》的文句：「釋放無限光明的是人心，製造無邊黑暗的也是人心，光明和黑暗交織著，廝殺著，這就是我們為之眷戀而又萬般無奈的人世間。」

面對躊躇在光明與黑暗之間的孩子，我到底又做了什麼拉扯？我是推他入懸崖的兇手，還是能拉他上岸的貴人？

想到這裡，我豁然開朗了。**我該放下偏執，他是個需要被疼愛的孩子，有著那麼寂寥的靈魂呀**。

一個人浪遊在這個世界，只能無聲地默默地躲著，我不該，也不能撒手不管。

「如果，你累了，就好好睡一覺吧。」

「○○，上課了，快起來……」

「○○，去洗把臉，快起來上課……」

當同學幫我搖晃他的時候，我只是在他耳邊說著：「如果，你累了，就好好睡一覺吧！我的課，你可以盡情地做自己。當我的課說得好，你就醒來給我一個鼓勵。如果，我的課說不好，你就出去好好曬曬太陽，讓你的心裡裝滿陽光吧！過去，老師真的忘記了：自己當時為什麼想當老師的真心真意，寂寞讓我的心靈被許多醜惡的東西填滿，聽不見你叫喚我的聲音，請原諒我，我們一起加油，一起加油、相挺，讓彼此變得更好。」

男孩在我轉身後，抬起頭了。因為，我聽見細微的聲音正在改變著我們。一回身，那孩子用深邃、清澈的眼神望向我，我似乎看到歉然的眸光。

我無聲地點點頭，給了他一個祝福的燦笑。

刻意為男孩導讀特別的書

後來，**我刻意為他們班導讀《孤雛淚》、《悲慘世界》、《哈姆雷特》、《羅密歐與茱麗葉》、《唐吉訶德》等經典名著**，我能感覺到他聽得很專注。

偶爾，我貪心地期待他能再跨出一步，再說說自己的心得或感覺。

但，他還是惜字如金。

不過，他清醒的時光愈來愈多，在課堂上與同學的互動也愈來愈好。但是，我知道，那孩子的心有一面還是黑暗無光的。

那天放學，我把導讀過的小說都打包到書袋裡，轉放在他的課桌上。

在繫著的卡片上，我寫著：

「孩子，如果說，我們的緣分是不打不相識，我想那應該是上天交代你給我的當頭棒喝吧。你打掉了我的傲慢、我的狂狷、我的自以為是。我想，你是原諒了我。我沒有勇氣親自向你道歉，但是，我在內心練習了數千回。你是歐洲莊園的英勇騎士，騎士是不會在意這種小氣的事。未來，你要相信自己是保衛守護善良人們的支柱，請繼續愛著這個世界，喜歡著學習吧！永遠都要記得：你對我們很重要。再雞婆地提醒：班上有許多小女生已經是你的粉絲囉！請注意自身形象，你已經有偶像包袱了，睡覺記得要趴睡。」

我淚如雨下

那天放學，他走進我的辦公室，對我說：「老師，我欠你一個道歉，欠你一個鞠躬，欠你一個拳頭。」

不知為什麼，我聽到「欠」這個字，淚如雨下。

孩子，你不欠誰的，反而，是我們欠你一個溫暖、有愛的環境。

「過去，你到底經歷了什麼？」我心疼地問。

「媽媽離家出走後，爸爸也不要我了，我變成孤兒。是外公、外婆把我接到家裡住，我第一次感覺到被拋棄後，我還是有人愛的。只是，外公、外婆年紀大了，我不忍心他們去工作，所以放學後，我就去火鍋店幫忙，希望能賺些錢，貼補家用。可能太累了，因此我早上都爬不起來，作業也沒有辦法寫，只能在上課補眠。但是，我真的很珍惜和外公、外婆在一起的時光，他們總是要我好好讀書，是我自己瞞著他們去打工。

「外公、外婆出意外，被車子撞死的時候，我真想跟著他們走。我不知道獨自活著，到底是為什麼？後來，舅舅收留了我。為了不給他添麻煩，我還是想打工存錢，養活自己……謝謝老師替我做的事，讓我覺得自己很幸福。還有，老師的書，我看得很慢，看完再還……」

孩子平靜地說完自己的心情。

飽受命運無情地擺布，無常鞭笞的孩子，只能用睡覺來對抗這個世界。易地而處，我還能做出更好的選擇嗎？

我的孩子們，永遠用他們的故事教會我面對世界。**即便悲慘，我們都可以有更好的選擇，一如我的孩子，在閱讀中飽滿了意志，良善了心靈**。文字讓他成為暗夜閃爍的星子，一閃一閃放光明。

閱讀，療癒了我們（一）

《悲慘世界》雨果著

• 在上帝創造的萬物中，放出最大光明的是人心。不幸的是，製造最深黑暗的也是人心。

・理想，在深邃的天穹，孤零零的幽微縹緲，閃閃發光，但周圍如山堆積猙獰的黑影，望去情勢十分凶險，然而並不比烏雲口中的一顆星處境更危險。

《哈姆雷特》莎士比亞著

・當悲傷來臨的時候，不是單個來的，而是成群結隊的。

・生存或毀滅，這是個必答之問題：是否應默默的忍受坎苛命運之無情打擊，還是應與深如大海之無涯苦難奮然為敵，並將其克服。此兩抉擇，究竟是哪個較崇高？

《唐吉訶德》塞萬提斯著

・命運像水車的輪子一樣旋轉著，昨天還高高在上的人，今天卻屈居人下。

「拜託，不要再這樣打我媽媽……」

——談珍惜

「她是誰？你帶什麼人來？女警？社工？還是……叫她滾……」男孩的媽媽帶著敵意望著我，開始歇斯底里地狂叫著。

在睡夢中流淚的男孩

「壞蛋，惡魔，不要接近我……」

「不要打我媽媽，走開，走開……」

「不要把我關起來了，對不起……」

「我不會再反抗你，不要打了……」

正在班上陪著學生午寐的我，被遠處斷斷續續的囈語驚動，我慢慢走向聲音的方向。我看見男孩抬起頭，惺忪的雙眼還流著兩行清淚。

「還好嗎？你剛剛說的夢話，是夢？還是真的？」我的語氣焦躁又緊張。

「老師，你的大驚小怪會吵醒在午休的同學……」男孩阻止我繼續追問。

「到走廊聊聊？」我輕聲細語地問。

「老師，可以放學再去找你嗎？我也被你的想像……嚇到了。」男孩有些反感地回答。

我點了點頭，心裡卻掛念著他的眼淚。

疏離的邊緣人

回想男孩初到班上，極度寡言安靜，對班級事務也不熱衷，給人內外皆冷的印象。還有，他不給任何人聯絡信息。他斬釘截鐵地告訴我，家中沒有電話，沒有手機，更也沒有電腦。

在通訊方便的時代，哪個家庭沒有電話、電腦？

心裡雖有些狐疑，但是，他說話的態度冷靜孤絕，讓我也無法再追問下去。

他的存在感很低，雖然作息正常，從不遲到、早退，也沒有和同學有過衝突，但是，放學鐘聲一響，他馬上轉頭走人。類似同學常說的：邊緣人。

青春的年歲，大多欣喜於尋覓與探險幸福、懷抱希望走在有光的世界，以雕刻時光的細膩，感知宇宙生命的韻動，在生命圖像遊走，合拍或逸出皆留下珍貴的痕跡。

只是，這個孩子的情緒好淡然，可有可無的態度，讓人有著疏離感。

在我沉思的時候，他無聲地走到我的身後，喚了我：

「老師……可以幫我簽公出單，讓我速速回家一趟嗎？」

男孩急切的模樣如熱鍋螞蟻。

「公出？回家？怎麼了？」我慌忙地問著。

「可以不要問為什麼，就是幫我簽一次，算我欠你一次……」男孩懇求地說。

「我簽，我簽，我願意簽。不過，帶我一起走。」我的態度堅決，他的表情猶豫。

「不要懷疑，一起去，你需要我陪你一起……我是你的導師，就是學校裡與你最親近的家人，家人有難，要一起面對……」我認真地說著。

「好吧，但求你不要插手，不要說出你看到的，不要做出會讓我討厭你的事。」男孩似乎在和我討價還價。

「再說吧，先走，不是很急？……」我要他帶路，然後邁開腳步緊跟著他快走。

我無法相信自己看到的，男孩打開家門的那一幕……

無法置信的景象

屋內有種醉酒後的嘔吐熏臭味。密不通風的空間，讓我有種暈眩感，屋內打著一盞小燈，微暗的客廳，被摔碎的酒杯，散落各地的酒瓶。

一位滿臉倦態的婦女委身在沙發邊低聲啜泣，血從額頭汩汩流下……

男孩跑到婦女身邊抱住她，用手摀住傷口：

「那個禽獸又打你，你為什麼又要傻傻地讓他接近你？你不是答應我要好好活下去，不要再像打不死的蟑螂依賴他？你可以依賴我，我是你兒子，你要相信我，我可以照顧媽媽，一輩子……」

男孩氣憤中有種餒累的神情。

歌德曾說：「家庭和睦是人生最快樂的事。」究竟我看到了什麼悲慘的景象。

「她是誰？你帶什麼人來？女警？社工？還是……叫她滾……」

男孩的媽媽帶著敵意望著我，開始歇斯底里地狂叫著。

「我先出去……媽媽應該喝醉了，情緒不太穩定，額頭的傷，我買點藥品回來處理，再繞去超商買食物，還有解酒液。你先把窗子打開，讓陽光、微風透入家中，幫媽媽擦擦臉、手腳，讓她舒服點。有時間，把碎玻璃掃一下，以免有人再受傷，好嗎？」

我試著讓自己像個專業的社工，鎮定地指揮著現場。

「老師……不好意思，要拜託你了。謝謝你……」

第一次，看見男孩微溫的臉色，那個表情、那句謝謝是在讚賞我嗎？說拜託，是全然地信任我嗎？

只是，我該怎麼做，才能真正幫到這個孩子？

腦海出現過去讀過的家暴訊息：

當愛、暴力相互依存、緊密難離時，這個家庭變成暴力的溫床，男孩的母親讓我聯想到美國作家萊斯莉・摩根・史坦納（Leslie Morgan Steiner）曾在TED演講中分享了她自身的經歷——「為什麼家暴受害者不離開？」孩子的媽媽是否也陷入瘋狂的愛情，帶給她致命的吸引力？進入暴力的暗黑世界，在瘋狂愛戀的關係中，讓她想走卻走不了，一如斯德哥爾摩症候群，從初始的懼怕到慢慢忍受，最後，竟然認命地接受了。

是不是該讓專業的社福人員來幫忙這個家庭？

孩子，你一定要學會求救

當我再次打開男孩的家門時，婦女安靜地在沙發上睡著了，男孩奮力地打掃著自己的家，映入眼簾的是，井然有序、窗明几淨的感覺。

「媽媽睡了，你吃點東西，別讓自己也被這種情緒勒索了，一個綁架一個。試著抽離低落的情緒，而且徹底抽離、切割……」

我拿走他手上的抹布，示意要他坐下。

「老師，我該怎麼辦？」他壓抑著情緒，緊咬著嘴唇。

「你好辛苦，好勇敢，好了不起。你才十三歲……只是個小孩子……你一定要學會求救，要讓更多人幫忙媽媽，保護她的安危。**政府**、**基金會**、**專業人員**，**他們都能協助媽媽**，**別讓自己苦撐**，**好嗎**？你是家裡唯一能讓媽媽重生的支柱，所以要照顧好自己，我們集合眾人之力，讓她脫離暴力的生活與情緒的控制，我有信心，沒有問題的。但是，你要穩住自己的情緒，絕不能再受影響。」

我握了握他冰冷的雙手。

「爸爸去世後，媽媽的男朋友變成會揍人的叔叔。那晚，我被東西摔破的巨響嚇醒，叔叔對媽媽拳打腳踢，我跑出來保護媽媽，卻被叔叔拿棍棒打傷，媽媽跪在地上求饒。接著，叔叔是一連串的惡語辱罵，警告我和媽媽，乖乖聽話，不要再惹他生氣……

「每晚我都被不同的聲音嚇醒，媽媽遍體鱗傷的樣子，好可怕。可是，媽媽說，沒有叔叔，我們會活不下去，媽媽願意忍受，半夜驚魂的折磨，甚至，罹患憂鬱症仍不願意離開叔叔。」

男孩無力地看著我，似乎把希望放在我的身上。

幫忙處理男孩媽媽的傷口

我們靜靜地等待男孩媽媽的清醒，我想到《安琪拉的灰燼》情節。

「我讀過一本小說，訴說主角慘到不行的童年生活。酗酒的爸爸、悲傷的母親、早夭的弟妹、吃不飽的自己……爸爸領了錢就到酒吧喝酒，醉醺醺地要他們為愛爾蘭而死……作家若無其事地說著無法忍受的苦難，沒有說教或批判的口氣，以天真的視界，呈現二戰時代陰暗濕冷的愛爾蘭小鎮。法蘭克・麥考特（Frank McCourt）讓我們凝眸童年的某處黑暗，唏噓滿懷的時刻，被小說家牽引的，是願意保持希望和樂觀活著的意念，你願意到書中找一找這樣的力量嗎？」

男孩沒有拒絕，點了點頭。

婦女被我的話驚醒：「你是老師？要帶點業績回去和上級報告嗎？」男孩媽媽的態度輕佻、不太友善。

「你誤會了，我幫你把頭上的傷處理一下……」她沒有拒絕，眼神空洞地、無意識地拿起菸抽。

「如果會痛，告訴我……我輕一點……」我擔心地詢問著。

「老師很年輕，很單純，沒交過男朋友？」男孩媽媽問話直接，讓我不知該如何回應。

「媽媽，你有一個很愛你的孩子。青春期的孩子通常與父母是疏離的，大多叛逆，喜歡和同儕膩在一起。○○的世界都是你，他喜歡你，心疼你。媽媽真是有魅力的人。」男孩媽媽抬起頭打量了我。

「我很希望你花點時間看看他，抱抱他，和他說說話……」

婦女的眼神移向男孩。

「沒有任何人可以對你做出肉體及精神上的折磨，不要漠視這種感受，你可以勇敢擺脫，免於身心俱疲。」說完話，我的內心湧起了這樣的畫面——蕭麗紅說過：怎樣的痛苦，怎樣的吐絲，怎樣的自縛，而終究也只是生命蛻變的過程，它是藉此羽化為蛾，再去續傳生命。「你的孩子，是陪著你一起痛苦，陪著你一起恐懼的人。你願意為了他，重新開始，找個對的人去愛。你值得更好的人。」我苦口婆心地勸著。

「雖然，我是唐突的不速之客，卻珍惜成為你們朋友的緣分……蕭麗紅說，再美的景致，如果身邊少了可以鳴應共賞的人，那麼風景自是風景，水自水，月自月，百般一切都只是互不相干了！我是真心想幫忙的，可以讓你和孩子都從頭開始嗎？」

「下輩子，我還要當媽媽的小孩……」

男孩的媽媽面帶愧歉的走向〇〇，緊緊地抱著他：「孩子，真的很對不起，很對不起，讓你好辛苦，陪我活在暗黑的世界，忍受暴力、恐懼，不對等的家庭關係，讓你也活得很自卑，很不自由，是不是……」

「我只希望媽媽活得快樂，不要常常哭，不要自暴自棄，我真的好愛媽媽，好珍惜媽媽，好感謝媽媽。下輩子，我還要當媽媽的小孩……」

「下輩子，我還要當媽媽的小孩……」

這句話深深地撞擊了我的心，也打開媽媽糾住的心結。

遠遠地，我彷彿聽見和解的哭聲，看見他們同理的擁抱，我知道他們將會攜手走向陽光的下一站。

就在母子擁抱的當下，猛然想起李昂《殺父》，想起吳爾芙《自己的房間》，想起蕭麗紅《桂花巷》，這些經典文本彷佛若有光地讓我理清思緒，為他們找著出路。

或許，男孩媽媽會需要文字的照拂，找回身為女性的自覺、女性的意識，還有她遺忘很久的母性光輝。

閱讀，療癒了我們（二）

《自己的房間》吳爾芙著

・對於做別人的伴侶，做與別人平等的人，以及為了達到更高的目的去影響世界，都沒有什麼高尚的。一個人能使自己成為自己，比什麼都重要。

• 這時她用不著顧忌任何人，她可以獨處，可以處於自然狀態。

《千江有水千江月》蕭麗紅著

• 人、事的創傷，原來都可以平癒、好起來的，不然漫漫八、九十年，人生該怎麼過呢？

《情緒勒索》周慕姿著

• 其實，不論是被情緒勒索的人，或是勒索別人的人，最底層的一個擔心都是「不安全感」。

• 當你為一個人做事情只是因為害怕而不是因為愛的時候，這個「害怕」換來的也不會是愛，只會換來暫時的焦慮減輕，以及往後更多的害怕。

身為老師的我，才是罪魁禍首
——談自省

「不讀文言文，就不能與別人溝通嗎？沒讀好國文，就不能上好學校嗎？我個人認為學國文的CP值很低，不想浪費時間……」男孩一副不屑地說完。

「老師，我在廁所看見……」

「老師，我們也看到了……」

「老師，我們都看見了……」

孩子欲言又止，臉色潮紅，有點羞赧，每句話都停頓在「我看見……」。

「你們怎麼了？有事嗎？你們到底看見什麼？」我傻氣地問著。

「老師，你要和我們去一趟廁所嗎？」男孩吞吞吐吐地問。

「現在流行上廁所還要老師陪？」我不覺莞爾地說。

「老師，你等一下應該會笑不出來。」女孩有些歉然地說。

我在心裡暗自揣度著，該不會要我教他們如何掃廁所吧！這種小事應該難不倒我，潛意識地捲起袖子，跟著他們往廁所方向前去。

驚心的一幕

「老師，您看……」孩子面有難色地指往最後一間廁所的牆壁。

「宋怡慧，女魔頭，×××……」牆壁用醒目的紅漆噴寫一些不堪入目的字眼。

當時年輕的我，是被大家捧在手掌心的明星老師，從未遭受過這樣的屈辱，我的自尊心頓時有種被重重鞭笞的疼痛。

強忍著羞憤的怒氣，我鎮靜地說：「什麼時候發現的？」

「今天早上，我們猜應該是昨天放學的犯行。」學生以福爾摩斯辦案的口氣說著。

「老師，建議你可以先去學務處報案，讓兇手無處遁逃……」

「老師，此風不可長，破壞公物，還公然侮辱您……」

「老師，最近有沒有和人結怨，還是有不小心得罪誰？」

「老師，這件事好像很多人都知道，你不要受傷……」

孩子們愈說愈起勁，我的臉色卻愈來愈慘白。

女孩貼心地察覺他們恣意地發言，似乎刺傷到我了，示意要大家沉默下來……

「謝謝你們的提醒與關心，你們就先離開吧。讓我冷靜思考一下，後續應該怎麼處理。」

與孩子的火爆衝突

突然間，腦海浮現昨天我和一位男孩因為作業的事「對槓」的火爆場面……

「為什麼要罰寫？寫錯重新再學就好，不是嗎？」

「為什麼要背解釋？背這個要做什麼？」男孩口氣傲慢地咆哮。

「注意你的口氣，注意你的態度。溝通是建立在理性的立足點，別以為老師都要無條件接受你的冷嘲熱諷。學習的基本功扎不穩，未來就很難有思辨鑑賞的能力……」我也激動地說著。

「不讀文言文，就不能與別人溝通嗎？沒讀好國文，就不能交到朋友，不能上好學校嗎？我個人認為學國文的CP值很低，不想浪費時間……」男孩一副不屑地說完。

「讀書，雖然不是非做不可的事，但是你連別人能做好的事，你都無法跟上，你還能做什麼呢？憑藉三寸不爛之舌和我爭論不休，何不把握時間把該做的事完成……只會抱怨，只會指責別人，算什麼知識分子？這點苦都吃不下，你還想要在什麼事情上贏過別人……」我把日劇《女王的教室》那套台詞，如法炮製地陳述出來。

剛上國中的小男孩，被我高傲的臉色、冷峻的口氣驚嚇到了。

我把握贏家的氣勢，立即把作業簿往他眼前擺：

「你要寫到幾點，背到幾點，我都奉陪。不想浪費彼此的時間，就速速完成吧！」

男孩不再說話，安靜地把所有的功課寫完，也把該背的東西背完。

臨走前，男孩睥睨地說：「別以為你贏了，未來會有更大的風暴等著你。我可不是可以任你欺負的人，你最好等著瞧。」

此刻，猛然竄出的這句話，讓我急奔學務處，希望生教組能協助我從監視錄影帶中證實我的猜測是「對」的。

錄影畫面果然看到男孩背著書包走進廁所。

雖然沒拍到他拿噴漆，但是，他在廁所待的時間，足以寫下那些令我難堪的話語。

學務處表明一定會讓案子水落石出，還給我一個公道，以匡正師道世風。

我很開心學校的立場是支持我的，禮貌地向組長敬禮。

往辦公室走的途中，冤家路窄的我們，錯身而過。

「〇〇，廁所的字是不是你寫的？」我回頭問。

「你有證據嗎？你怎能隨意栽贓人？」他冷冰地回答。

「栽贓？我不需要栽贓你。從錄影帶看到你走進廁所，還待很長的時間！」我盛氣凌人地說。

「昨天我去過廁所，因為我拉肚子……」他不甘示弱地說。

「男子漢大丈夫，敢做不敢當。說真的，我看不起你。」我毫不留情地說。

「拜託，你說話那麼機車，確定只有我一個人討厭你嗎？不要汙辱人，你還不夠格讓我花時間噴漆寫字罵你……」男孩語帶嘲諷地說著。

「你繼續狡辯，雞蛋再密也有縫，別以為你逃得過。」我平靜地說。

「拿出證據再修理人……」男孩冷靜地回著。

「好，我會讓你心服口服。你等著，法網恢恢，疏而不漏。」說完，我頭也不回地走了。

孩子神色不安又憔悴

花三天的時間，我抽絲剝繭地找到三位人證。

一位說：看見他帶噴漆來學校，只是不知道顏色；

一位說：好像看見他的制服有被噴漆噴到的印痕；

一位說：○○本來約他一起去廁所的，只是他有事沒去。

當人證和錄影帶拼湊成一個犯罪的輪廓，我準備好要和他一戰，證明我也不是省油的燈。

當我正往學務處走時，我們又不巧地碰上了。

他刻意把頭別過去，或許他知道，難逃制裁，心虛得手足無措。

他不安又憔悴的神色，突然間，驚動了我的心扉。

即便我贏了又如何？我能挽回一個孩子的心嗎？我讓他俯首認罪，就能讓他回頭，還是讓他壞上加壞？我扮演斬奸除惡的劊子手？還是協助孩子成長的老師？老師的自尊心很重要，孩子的自尊心就不重要嗎？如果人生而平等，老師用的是愛的感召與照拂，還是上對下勢力的脅迫與懲罰？

李崇建說過的：「有些東西必定從輪中才能學會。」

如果，我想透過教育讓孩子找到善良純真的性靈，就必須要有顆願意理解他、包容他，甚至，為他著想的心。我要用眼前的贏，換來一輩子兩敗俱傷的輸，還是要用眼前的輸，贏回我們的師生之情？

到底什麼才是對？什麼才是錯？

除了揭發真相，我還有更好的選擇與對待孩子的方式嗎？

「一起去學務處吧！兇手已經找到了！」我斬釘截鐵地說。

「你說什麼？」孩子膽怯地跟著我，抿著嘴，開始畏縮地跟在我身後。

回頭望著他，我的心頭一緊，也明白自己該做什麼事了。

我不是個好老師……

「組長，兇手我找到了……噴漆的元兇，是我。追根究柢，真正的兇手是我……」我的話，卻讓組長愣住了。

「我不是個好老師，竟然讓一個好孩子冒著被記過的風險，還是要去噴漆塗鴉，狠狠地罵我一頓。足見我做了不少讓他深惡痛絕的事，我逼他上梁山，間接地讓他做出會讓自己後悔的事。

「這幾天，我好累，為了找出兇手，我變成一個對人懷疑，對事無感，連教學都有氣無力的人……與其把時間浪費在這些事上，不如好好當個讓學生尊敬的老師。驀然回首，我才覺察到真正的罪魁禍首是自己……我很抱歉，讓學校發生這樣的事，是我不對。等一下，我會去買白色油漆，把牆壁恢復原狀，讓大家都虛驚一場，真不好意思……」

說著說著，我有點悲從中來，竟然就掉起眼淚來。

現場一片靜寂，男孩表情凝重，有種想說什麼的衝動，我趕緊搶先一步說：「真的很對不起，老師隨便懷疑人，國文教得零零落落的，讓你那麼聰明的頭腦硬要塞下那麼多無用的知識。

「我很抱歉，那天，我還說了很多過分的話，給我一個補償你的機會，學習不該是這樣的，我會努力變成一個好老師的，給我機會，等我變好……」我說到傷感處，也有些哽咽。

男孩鼻頭紅紅的，眼睛濕濕的，望著我的眼神有些愧然，有些不捨。

組長要他先離開，告訴孩子：「既然老師不追究，會盡速讓它落幕且結案。」

孩子的道歉與轉變

隔日，我發現那個孩子把李白〈登金陵鳳凰台〉背得一字不漏，功課都如期完成。

還有，我的案頭，偶爾會多杯熱奶茶，直到那天他留下字條，終於明白。

「老師，紅茶太苦澀，牛奶太濃膩，奶茶有溫暖的感覺，也有清淡的氣質。心情不好的時候，喝杯奶茶吧！」

孩子用這種方式說抱歉，主動修補我們的關係，也讓我知道：過去我的做法是錯的。

如今，**我的認輸，讓彼此都學會真正贏的道理**。

我們開始對談一位年輕老師無法駕馭學生的無奈，一位學生無法好好背誦的學習困難。

我談梅・薩藤（May Sarton）的詩，一種對孤獨、自然、沉思生活的實踐：「我們擔心煩惱與改變，害怕揭露，恐懼談論內心的痛苦。痛苦經常給人失敗的感覺，但它其實是通往成長的大門；無論你幾歲，成長總是讓人感到痛苦。」

他不甘示弱地拿著厚厚四冊的《萬物簡史》，對我說著，自己如何跟著打破砂鍋問到底的比爾・布萊森（Bill Bryson），在大自然中進行「終極」旅行。作者讓他保有好奇心地想了解世界上每件曾經發生的事情，不用背誦，這些知識都鮮活地在他腦海躍動。

我們說著對方都鴨子聽雷的知識，但卻在角色互位中被療癒、被撫慰。情義相挺地傾聽對方的真知灼見。**從此，我們找到對話的鑰匙……**

當初的一念之間，一個雲無心以出岫的選擇，找回真誠對待孩子的初心，孩子也盡力地展現士為知己者死的豪情。

一如蔣勳在《孤獨六講》裡提到的：「對人性的無知才是使人變壞的肇因，因為他不懂得悲憫。」教室要的不是道德式的教訓，是對人性有知有感的悲憫。

當我們認為孩子的快樂勝過自身輸贏的競逐時，I SEE YOU的感知，讓你願意為孩子蹲得很低，很低，因為你知道，未來孩子會因此而跳得很高，很高。

閱讀，療癒了我們（三）

《萬物簡史》比爾．布萊森著

．我們如何從啥都沒有，變成有那麼一丁點東西，然後又從那一點兒微不足道的東西，演變成了（如此複雜的）我們，並經歷其間的種種變化。

〈願〉蔣勳著

我願是滿山的杜鵑，
只為一次無憾的春天。
我願是繁星，
捨給一個夏天的夜晚。
我願是千萬條江河，
流向唯一的海洋。
我願是那月，
為你，再一次圓滿。

「老師，我要我媽媽回來……」
——談喪親

「拳頭上的傷，是我想媽媽的時候，捶打牆壁留下來的瘀青。」
男孩對我說。

「溽熱的夏天，他為何穿著長外套？」
「為什麼隱約望見他的嘴角有瘀青痕跡？」
「他為什麼還不回家？一直在操場拉單槓？」
當老師的一份直覺，讓我自然地走向他。
我的出現，卻驚擾正在運動的他。

「不熱嗎？很少人在夏天運動還穿外套？」我的詢問，似乎讓他升起警覺心。

他斂起了臉色，拉起防禦線，轉身就想走。

這孩子為什麼要「躲」我？我忍不住追上了他，不死心地問：「需要來一瓶水嗎？還是——」

「你很雞婆耶！我認識你嗎？我又不是你的學生……」為了擺脫我的糾纏，他的口氣刻意嚴峻而不友善。

「我明天再找你，我記住了你的學號，再見……」

這孩子臉上藏有驚弓之鳥的神態，但是他用強悍的語言去包裝。

他離去的背影有些滄桑，還有一股說不出的淡淡哀傷，為什麼？

男孩身上奇怪的傷

隔日，我信守承諾似地走到班級外的走廊，叫喚他的名字。

「還是讓我找到你了，要不要談談……」

我再一次望見他身上的薄外套，室外的氣溫熱氣翻騰，接近三十八度的高溫。

我的目光移近他的臉龐，他嘴角淡淡的瘀青痕跡在陽光下突然顯眼了起來。

我的目光再移到他的手腕，也有幾處傷痕，再望向小腿，右側有一大片撞傷的痕跡。

他對我的打量開始不安，用手推了我一把。

這一推，讓我站不穩。我往牆面一撞，手肘擦到牆面，皮膚微微挫傷，破了皮，也滲出血絲。

這一幕，讓他嚇壞了，他趕緊衝進教室躲著。

他的反應讓我有些詫異，但是，我沒有一點生氣或是討厭的情緒。

我反而直覺這孩子真的需要幫忙，他的反應太不尋常，身上的傷，也太令人狐疑。

我顧不了手肘的疼痛，急著進教室喚了他。

只是，他還不信任我，一直不願意跟我出來。

到底該怎麼辦？

男孩瞬間紅了眼眶

我們這樣僵持著，畫面也很奇怪。

「陪我去保健室，我需要你陪……」我的語氣有些堅持，讓他不得不正視我。

「老師，是你自己不小心……不是我……」他急著撇清責任。

「我從小就容易跌倒，身上的傷滿多的……和你無關，我只是想叫你陪我去保健室……」我試著換話題，讓他放下戒心與內疚。

「老師，你……」他有些無奈地走出教室。

「我是真的關心你的，你不覺得我們一見如故嗎？我覺得你需要幫忙。渺小的我，對學生總有大大的夢，把自己看得很重要，以為自己是救世主，只可惜，常常適得其反，反而是被學生的愛救贖……**你要試著與我聊聊嗎？**」

「老師，我……」男孩一下子紅了眼眶，那種傷感的模樣也讓我措手不及。

「別哭、別哭，沒事、沒事……」我急著找出手帕要給他。

「媽媽，不在了……媽媽，不在了……」

那是淒厲的哭叫聲，竄進我的心扉，震懾我的感知。

我的淚水汩汩流下，想起自己曾驟逝的親人，想起當時無法言說的傷痛。

最痛的離別

我們瀰漫在失去的哀慟氣氛中。突然，我想起瓊・蒂蒂安《奇想之年》所寫：「人生變化如此之快，轉瞬之間人事全非，來不及吃過晚餐，你即棄我而去而自憐。」那種一瞬間，人事全非，「哀慟會一波波襲來，突然發作，頓時驚懼憂心，讓人膝蓋發軟，眼睛發黑，日常生活無以為繼」的感覺，讓我無法生活，無法言語，無法書寫，被掏空的心情，很痛、很苦。

我同理了他的無助，明白了他的孤立無援。

是那麼親近的人呀，是那麼相愛的人呀，怎麼可以？無常怎麼可以這樣降臨在這個年輕的孩子的生命裡，考驗著他的脆弱，挑戰著他的意志。

我也有些怨嘆上天的殘忍。

「孩子，瓊・蒂蒂安有一句經典：『總有那麼一天，我們都要在無能為力的人生困境中，被迫放開手。』如果，你不放手，在天上的媽媽也沒辦法放心做天使，做菩薩……隱藏在外表裡層的情緒，實在無法合理化，我們的人生，更無法走在常軌的生活，尋覓出能解釋的意義，此刻，需要的是一個能讓自己不難過的合理說法，是嗎？」

「老師，可以還我媽媽嗎？我要媽媽回來……」

還我媽媽，這四個字是我的罩門。瞬間天崩地裂似的，讓我哭紅了眼。

青春正好，他所承受的世界卻好艱難，亂成一團的秩序，他該如何自處？

我真的是個很差勁的輔導老師，我哭得比孩子更慘。

好好活著，才是愛媽媽

他怔怔地看著我說：「老師，我天天健身，想讓自己變得強壯，強壯到能保護自己，代替媽媽，保護爸爸、弟弟。上次，不小心，被啞鈴跌墜的力道，撞傷了小腿。臉上的傷，是因為和弟弟打架。因為他一直吵著要媽媽，我聽了心煩氣躁。事後，我也很自責。至於，拳頭上的傷，是想媽媽的時候，捶打牆壁留下來的瘀青。」

我刻意把手上的傷亮出來，和他的手傷作比對，悠悠地說：「我們都有傷心的痕跡，過不去的印記。但是，我想與你分享一個北韓女孩朴研美的故事。她的人生更是艱難，在人口販子的掌控下，度過兩年生不如死的歲月，看得都要從心中滴出淚水了，好痛苦、好駭人的歲月。她卻樂觀地說：『這輩子我最感激兩件事，一是我出生在北韓，一是我逃出了北韓。』俯拾皆是『半點不由人』的生命無奈，好像在抗議人類為了生活，被逼得做出選擇。

「老師只想輕輕地安慰你。或許，我也無法理清頭緒，但很多事情都必須從愛開始和解。渴望被母親的愛照拂，但卻被失去的傷害關進暗黑監牢裡。愛的極致竟是徒勞無功，你的傷不是普通的傷，別人喜受親情的歡笑耳語與呢喃，卻讓我們聽見世態炎涼的奚落與哀傷。

「有人說，青少年承受過傷痛的記憶，將永遠伴隨我們一生，如鬼魅糾纏。但是，我總希望不管你遭遇什麼，面對什麼，都要仰望善良的北極星，找尋它的蹤影，你會發現迷失的方向，頓時也能找到愛的指引。

「現在說愛或許太沉重，但，別讓自己離愛太遠了。獨自活在濃烈寂寞的世界，躲開了對愛的渴望，迷失在完全看不到光的世界。

「就像歷史學家亞歷山卓・瑞瓦斯基（Aleksandr Revalskiy）所說：『探索他人的人生是不道德的，但這或許就像是生了一場小病一樣，足以免疫他人的過錯。』我希望用年輕女孩的例子，勉勵你：能珍惜自己，愛護自己，好好活著，享受活著的幸福，這是恩賜，**也是你愛媽媽的方式，更是你向她說謝謝的姿態**。好好活下去，活出更好的自己，好嗎？」

無法逃避的人生課題

我不想用浮誇的語言勸他，只想告訴他**生離死別、喪親哀傷都是人生的課題，儘管走得艱困、踉蹌，卻又不得不跨越**。就像瓊・蒂蒂安毫無掩飾地告訴我們：愛一個人、失去一個人是什麼滋味，看著兒女病魔纏身，無能為力，又是什麼心情。

有人說：她是傷慟文學的經典，我卻永遠記得她說的：「我們靠著說故事活下來。」我們就靠著要替自己書寫未來的好故事，必須認真地活下去、用心地活下去，讓自己活在愛的光裡，遙望與逝去的人相愛的回憶。

我們都可以為失去哭泣，我們也可以為痛苦難過，但是，記住別讓自己太傷心。

如果可以，讓文字溫柔地守護著我們的幸福或孤獨。在閱讀的世界裡，每個人都是平等的，都是被愛的。

閱讀，療癒了我們（四）

《可以哭，但不要太傷心》內田麟太郎著

・死去的人，都希望活著的人過得快樂幸福。除此之外，別無所求。

《奇想之年》瓊・蒂蒂安著

・當代的風潮是「把哀悼視為病態的自憐自艾，對那些完完全全掩藏哀慟，不讓別人猜到有任何事發生的喪親之人，給予極高的社會評價。」

《為了活下去》朴研美著

・每個人都會有他們的「沙漠」。你們的「沙漠」並不會與我經歷的「沙漠」一樣，但我們都要跨過它去找尋生活的意義和獲得自由。

「我不想活了，可以不要救我嗎？」

——談絕望

同事對我說：「她是個麻煩的孩子，恭喜我安然脫身，擺脫她的糾纏。」

但我卻討厭起這樣的自己。

「我不想活了，可以不要救我嗎？」

「多救我一次，就是讓我再多痛一次，讓我又多死一次。」

「求求你們了，求求你們了……」

我在病房外聽到你的嘶吼聲，一聲聲扯痛我的意志。難過之餘，我卻膽怯地連走進去看你的勇氣都沒有。

師生間的忘年之交

我從來沒教過你。那次，在長廊擦肩而過的緣分，你回頭拍了拍我的肩，問了：「你是誰？」

一次師生偶然的相遇，彷彿心有靈犀似的，我們性情互補。我安靜，你熱情。我初出茅廬，是個新手老師，你是老新莊人，什麼都熟悉。校園對於我是陌生的，你卻是熟門熟路的。

從此，你天天給我寫紙條，每天在我的桌上貼著問暖的便利貼，還有按照星期、節日，為我準備各式各樣的好物。

我們像極了忘年之交的朋友，身為菜鳥教師的我，被困在教學的迷惘中，跌坐在人際關係的挫折中，你倒像成熟的大姊姊，總是邏輯清楚地分析事理，要我學著厚黑一些。人生不是無塵室，不要這樣幼稚的把身邊的人都當成好人。

我知道，你有情緒的問題。我知道，你參加陣頭。我知道，你有複雜的人際關係。但是，你刻意在我面前隱藏了這些不見光的自己，你帶給我的都是燦爛的模樣，純真乾淨的自己。

你陽光到讓我忘記：你只是個孩子，或許需要我這個大人的幫忙，因為我是你的老師。

我自顧自地和你談著《西洋神話故事》，每一個故事都充滿對世界初始的想像，每一個眾神都是尋找美麗、智慧、繆思、愛情的化身，在愛琴海浪漫的波濤、奧林帕斯山上的綠波。你靜靜地聽著，陪著我從文字中尋訪到祂們翩然而至的足跡。

你特別喜歡潘朵拉的盒子、伊底帕斯情結、普羅米修斯的懲罰這些故事。你說，原來希臘的天空充滿著祝福，羅馬神話裡面有著權力的血腥味。你讀懂了我的文學，你也明白我的文人脾性。你讓我初任教師的生活，有了相挺的意氣，世界燦燦亮亮起來。

那年，我很年輕，年輕到我都不知道如何當老師，也無法處理全然熱情拂身的感動。

斥責與決裂

有一天，同事氣呼呼地叫我到辦公室外，以警告的語氣對我說，我們走得太近。女孩對我的偶像崇拜，並不是健康的行為。她會因為某位學生對我的態度不佳，跑去恐嚇他人，她會因為同事對我口氣不好，跑去破壞同事的腳踏車。

突來的烏雲罩頂，我不懂 女孩這些奇怪的行徑，到底是為什麼。

這些事不只讓我很驚愕，也讓我反感。

我開始疏離你，也不喜歡你對我的方式。

我開始變得冷漠，開始制止你再給我買禮物，不要你花時間寫紙條給我。我要你把時間放在讀書，放在自己生活的經營。我是老師，你是學生。

你是善良的，總是笑而不答，從不忤逆我，也不反抗我的說法。

但，你還是一直做著自己想為我做的。你認為值得，甚至是喜歡的事。

那天，我把你叫來，大聲地斥責你，也說出傷害你的話：告訴你，再這樣不理性的處理事情，我會與你永遠劃清界線，就像陌生人。

我不知道，當年的我為什麼會這樣狠心，如此幼稚？為什麼在世道的壓力下，會這樣說話，這樣強硬的處理我們的關係？每次想起這些事，我都忍不住自責與傷心。

同事的耳提面命，讓我開始害怕你的接近。我刻意保持彼此的距離，甚至裝出一副老師的古板臉孔，冷漠你的關心，看淡你的付出。我真的能感覺到，你真的很傷心。

但是，年輕的我，不知道如何自處，也不知道要怎樣好好地對待你。

後來，你把對我的好，轉移到另一個朋友的身上，刻意冷落我，眼神也不再與我相遇。

我說不出那種被掏空、遺棄的感覺，卻也無力再挽回什麼。

或許，那是當年我唯一能做的最好選擇。在內心深處，總希望你能好好地，也常常為你祝福著，感激你曾經在我生命中給過我莫大的溫暖。

令人驚駭的割腕消息

直到那次，同事悻悻然地說，「○○用超級小刀在廁所割腕了，送醫院了……幸好，你聽了我的勸，遠離了這樣可怕的風暴。她是個麻煩的孩子，恭喜你安然脫身，擺脫她的糾纏。」

她的這些話，讓我好討厭自己，討厭自己的世故，討厭自己的不善良。**她就是一個孤獨的靈魂，渴望有人愛她而已**，我為什麼也陷入世俗眼光與枷鎖的羈絆，變得那麼無情與可怕？

我的腳步開始混亂，試圖把耳中聽到的名字和你的身影拼湊在一起，希望這一切都是假的。

只是，這好像是一個詛咒的開始，而不是結束。

那日，你回學校了，但身子變單薄了，臉色更顯蒼白。

你不再說話了，看著我的表情木然，眼神空洞。

過往我熟悉的那個陽光少女，跑到哪裡去了？

我忍不住衝向你，你卻刻意轉身背對我。

「為什麼要這樣……」我邊說邊哭著。

「已經不關你的事，我們已經不是朋友了。收回你的關心，我不需要。」

「○○，老師不是故意要傷害你的……」

「和你沒有關係，你不要往自己臉上貼金，不是為了你……」

我聽得出你話中的決絕與孤單。

我泣不成聲，你卻說「沒事」

我想好好地為你寫封長信，我想好好為你祝禱，我想好好向你說聲對不起，我想和你一起散步、說話。

「〇〇，為什麼要這樣，你不要嚇我……」我幾乎泣不成聲。

我的哭聲讓你轉向我：「沒事啦！只是嚇嚇你們而已。我真的沒事。」

一如我們初識相見的情景，你拍了拍我的肩膀，示意要我放心。

你說沒事是對我犯錯的寬容，你說沒事是與我們的過去告別，因為你不再相信我的心可以承載你的祕密和心事。

我知道，自己失去你對我的信任。

同事說，你上課幾乎都在趴睡；同事說，你開始厭食；同事說，你有重度憂鬱症。

同事說，你進醫院了，吞了不少的安眠藥。

我開始豎起耳朵，聽著同事說著所有與你相關的故事，感覺到你在我的生活忽遠忽近，仍是我生命牽牽繫繫的知己……

那天，同事開始議論，你的厭世，你的自殘，是因為複雜的交友關係，讓自己陷入情緒的風暴。

我忍不住向導師打聽你住院的地址，下班後，我搭著計程車出發了。

我不斷反覆練習，和你見面的第一句話。不斷抓著要送給你的紙袋，拚命地檢查要送給你的禮物，是否帶妥。

只可惜，遠遠地在病房門外，我聽到你淒厲的哭喊聲，還有你和世界告別的宣示，我的腳步幾乎無法再跨越。

我蹲在牆壁旁，幾乎泣不成聲。

我把所有的東西，原封不動地帶回家。

那天晚上，我無法進食，似乎也陷入憂傷的谷壑，想起了被神祇處罰的薛西弗斯：「眾神叫他不停地把一塊巨石推上山頂，由於它本身的重量，巨石又從山上滾下來。祂們認為，沒有更可怕的處罰，比得過從事徒勞無功和毫無希望的工作。」

我的心被禁錮了，像被詛咒的薛西弗斯，我開始過著行屍走肉的生活。

緊緊抱著她哭

直到那一天，你還給我，我放在你那裡的《西洋神話故事》。

「老師，不要再擔心我了。我正在吃藥，控制憂鬱症。」

「那天，我好像有看見你到醫院來看我，有嗎？」

「還有，要好好保重自己。你可是我最喜歡的人，曾經。」

你把曾經說得好縹緲、好輕鬆。你的笑容很淡然，有種撫慰我的溫柔。

「如果可以，收下那天我替你選的禮物吧！我鎖在抽屜裡，從那天回來就沒再動過。那是屬於你的，我最初，也是最美麗的祝福。謝謝你原諒我用這樣不成熟的方式成為你的老師，我好抱歉，好抱歉。一如榮格說的，對於普通人來說，一生最重要的功課就是學會接受自己。**你可以答應我嗎？不要再壓抑自己的情緒了，不要再隱藏自己的哀傷**。如果可以，我們都好好地大哭一場吧！」

那天，是我第一次緊緊抱著她，抱著她哭，給她自己此生最大的祝福與祈願。我要她好好地活著，無憂地活著。我願意用自己一生的好運去交換，許她一個健康的人生，她的人生還很漫長，一定要好好地活下去。

你與我告別時說：「人生真像一場夢境，有時候分不清何時為真，何時為假。」當年，我還沒有走進閱讀的世界，無法用閱讀救贖她與自己，帶著遺憾離開了她的生活。

一如電影《擺渡人》的台詞：「十年太長，什麼都有可能會變。一輩子太短，一件事也可能做不完。回憶永遠站在背後，你無法拋棄，只能擁抱。」現在的我，轉向閱讀的世界，帶著她美好的身影，與更多蒼涼的靈魂相遇，彷彿也在閱讀中彼此和解，彼此擁抱那段不堪回首的過去。

閱讀，療癒了我們（五）

《夢的解析》佛洛伊德著

- 這個世界沒有偶然，只有必然，夢境也是如此。
- 夢是一個人與自己內心的真實對話，是向自己學習的過程，是另一次與自己息息相關的人生。
- 未被表達的情緒永遠都不會消失。它們只是被活埋了，有朝一日會以更醜惡的方式爆發出來。

榮格

- 孤獨並不是來自身邊無人。感到孤獨的真正原因是因為一個人無法與他人交流對其最要緊的感受。
- 你連想改變別人的念頭都不要有。要學習太陽一樣，只是發出光和熱，每個人接收陽光的反應有所不同，有人覺得刺眼，有人覺得溫暖，有人甚至躲開陽光。種子破土發芽前沒有任何的跡象，是因為沒到那個時間點。只有自己才是自己的拯救者。

「我真的很愛她，我不是故意要侵犯她……」

——談禁忌的愛情

女孩的媽媽沉默許久，接著冷冷地說：「我們都被你的學生傷害到要轉學了。你教出一個衣冠楚楚的禽獸，你這老師還要說什麼？你能說什麼？」

「老師，你有觀察到○○愈來愈瘦削了嗎？」

「老師，你有注意到○○成績一直在下滑嗎？」

「老師，你有發現○○每堂課眼眶都紅紅的嗎？」

「老師，你知道○○今天遲到，還沒帶書包嗎？」

印象中，斯文的男孩成績優異，為人親切，德智體群美樣樣超群，是個從來都不需要老師煩心的孩子，是同學心目中的白馬王子，更是家人眼中的貼心暖男。

難道，他最近發生什麼不如意的事嗎？

那日巡堂，我刻意在他的班級前駐足。

男孩的眼神空洞，坐在位置上的他，幾乎只剩空洞靈魂的軀殼，憔悴的模樣令人心疼。

天呀，他到底怎麼了？

午休發了公假條給他，要他到辦公室找我。

沒想到，他拿了公假條，卻在校園神隱了。

我急得四處找他，後來，發現他一個人躲在操場前的廊間，動也不動，像座人形雕像。

「你嚇壞老師了，你不是告訴同學要來找我。為什麼獨自跑到這裡？

「你知道，我全校跑透透，就是在找你。你到底怎麼了？」

我因焦慮心急而激動地追問起來。孩子絲毫不受我的影響，眼神依然迷濛地飄向遠方。

「老師，讓我一個人靜靜，我很累，很累。如果可以，我想馬上消失在這個世界。」男孩絕望的聲音震懾了我。

曾經神采飛揚、青春燦爛的生命，何以能走到如此自我消沉，幾近殞落的局面？

甚至，有過輕生念頭

我靜靜地望著他，沉悶憂傷的情緒湧上心頭：曾經，我也經歷過一段走到山窮水盡，萬念俱灰的消沉歲月。

「你想聽聽我的故事嗎？一個脆弱的靈魂，面對挫折卻無計可施，只會不停地哭泣，發呆，自責，接著，再哭泣，再發呆，再自責的女孩，活在惡性循環的情緒黑潮裡……」我的心緊緊抽痛地問。

「老師，你……」男孩似乎感染我的深沉悲傷，眼神透露著悲憫，不自覺地點頭。

「我曾因為一個惡意的留言，不斷在我的生活蔓延、擴散，身邊的人開始質疑我，遠離我，原來就很安靜的我，變得更自閉、自卑，甚至，有過輕生的念頭。面對黑色的過去，我也曾是無能為力的……」我難過地說。

男孩絕望的眼神，給我同理的溫燦。

「我不想逞強和命運對抗，面對厭世的自己，的確惶恐，的確恐懼，但是，我更想證明，我唯一的武器就是用自己的生命去證明我的清白，去懲罰他加諸在我身上的痛苦。」

我想誠實地對孩子說話。無設防的，把整顆心都捧出來給他。

「老師，你走出來了嗎？」男孩膽怯地問著。

母親拉住下墜的自己

「我把自己鎖在很陰暗的地窖，我出不去，別人也進不來。為我加油，替我打氣許久，卻也傷心很久的媽媽，始終沒有放棄希望。半夜，她又拿著碗清粥在我房門前踱步，徘徊再徘徊，不斷問我：『想吃嗎？餓嗎？』我無動於衷地持續冷漠著。彼此僵持許久，粥冷了，她端著那碗粥到樓下加溫，這樣來來回回持續三、四次。後來，我發現，母親捧著粥，無力地倚在牆邊啜泣。」我邊說著，眼淚悄然滑落。

「我被母親的身影和哭聲喚醒，我折磨的不是那個可惡的人，不是自暴自棄的自己，是無辜又掛念我、擔心我的老母親。突然間，我忽然清醒了。我不能把生我、育我的媽媽也關在不見天日的監獄。我怎能如此無情？如此冷血？」

當我說到這裡，男孩低下頭，好像在思考什麼。

被仇怨蒙蔽的心，終會有被當頭棒喝，清明起來的時刻。

「那天，我吃光了整碗粥，告訴自己，我要逃出去，闖過去情緒的低谷。我想起小時候最喜歡聽彼得潘的故事。我央求母親，是否可以抱著我，再說一次小飛俠的故事？」

說到這裡，我開始泣不成聲了。

我們開始陷入一段很漫長的靜默時光。

男孩問：「老師，後來呢？你成功逃出來了嗎？」

「當媽媽溫柔地念著：彼得潘伸出雙手，對著正在做夢或正夢到永無島的孩子說，如果你相信仙子的存在，請拍拍手……母親要我拍拍手，要我相信自己，我是上天送給她最好的禮物。我的小飛俠會守護我的善良與純真，細膩與感性，他正等著我變得快樂……」

說完這段遭遇，我請男孩也和我一起拍拍手，召喚守護他的仙子，替他拂去身上的悲傷與痛苦。

男孩聽完，放聲地大哭了。看著他凹陷的臉頰，我不自覺地心疼起來。

男孩的痛苦心事

「老師，我談戀愛了，談了一場很甜蜜又很痛苦的戀愛。我好難過，好難過我們無法再繼續……」男孩淚流滿面地喊著。

「無法再繼續的原因是？」我忍不住地問了。

「我們正踩在愛情禁忌的線上，我們對父母撒謊要參加營隊，其實是要去過兩人的旅行。後來，我們的祕密被她的父母識破，我們的謊言讓爸媽開始隔離我們，不再讓我們見面。我被當成傷害女孩的怪物，甚至被當成誘拐未成年少女的不良少年……我只是單純喜歡她，我只是想和她一直在一起，我不是壞蛋，我真的不想和她分開。老師，我不應該有侵犯她的念頭，但是，我真的不是故意的，我不能控制自己……」

男孩的懺悔有更深沉的無助，男孩的淚水有更難言的絕望。

我的耳邊一直響起他的喃喃細語：「我只是想好好愛她而已。」

男孩的告解，男孩的淚水，讓我感同身受地進入他的情境。

與雙方父母溝通

每個孩子都該有守護自己的仙子吧，這次，換我來幫助自己的學生吧！

「媽媽，你可以讓他們再見一面嗎？讓他們好好地談話，即使是要分手，也應該是無怨無憾的。」

每個母親內心都有一顆柔軟的心，即便孩子犯了滔天大罪，也願意再為他多做點什麼。

「老師，對方的父母對我們說了很多不堪入耳的話，我替○○偷偷試過很多次，我也累了，不想再自取其辱，以後，他們就是兩條平行線，女孩準備要轉學了，可以到此為止嗎……」男孩的母親無力地說。

母親表態她不願意再碰壁了，也堅決不再打電話。

我硬著頭皮打給女孩的母親：「不好意思，我是○○的老師。媽媽，我知道，你一定還在生氣，可以靜下來聽我說話嗎？我是希望孩子們都好，以旁觀的角度說點話，提個建議……」

對方沉默許久，冷冷地說：「我們都被你的學生傷害到要轉學了。教出一個衣冠楚楚的禽獸，你這老師還要說什麼？你能說什麼？」

這樣的冷水一潑，讓我的心也冷寒起來。

如果這是困獸之鬥，我還是想為我的學生再試最後一次，即便傷痕累累，我都願意。

「你認為一切的錯都是男孩造成的嗎？他是一個愛情的罪犯？他是不能被饒恕的孩子？**我們都年輕過，也都曾犯過錯**。你可以將心比心，如果他是你的兒子，是不是希望對方可以給他一個機會？讓他們為這段愛情好好地畫上句點，溫柔地說聲再見，不只是為了男孩，而是為了自己心愛的女兒。這也是她的初戀，男孩也是她深愛過的人呀！就讓他們的未來都不要留下陰影或是遺憾，好嗎？媽媽，男孩是真心的，他正在為自己犯的錯贖罪，甚至，他想用死贖罪……」

我說著說著，也因為自己的無計可施而哽咽了。

「老師，我也很掙扎。只能讓他們簡單談談。還有，我希望這是最後一次，你別再打來了。我想讓我的女兒能重新開始過簡單的生活，這也是一位母親誠心誠意地懇求，這是最後一次……」母親為難地說著。

最後一次，道再見

那天，我看見繽紛絢爛的燈光下，男孩握住女孩的手，不發一語，相望無語凝噎。

男孩最後深情地說出：「對不起，希望你過得好好的。我會等你……你是自由的，我會在你看得到的地方等你。再見，希望能再見……」

幸福看起來很簡單，事實上卻又是如此遙不可及的。

「老師，我們走吧！謝謝你做的事。我會好好地等她，我要她快樂、幸福。」男孩堅強地挺直背脊向前走。

「你要有信心，老師能感覺到：遇見了，你笑了；分離了，你哭了。你們還是相愛的。如果可以，老師會用書寫去憑弔你逝去的青春。**陪你用閱讀去抵抗我們都無法承載的無常，**就像周芬伶說：『我一定要寫下這些，否則我將遺忘。』」

雖然失去愛情，但別失去做夢的權利，就像《風中奇緣》的柳樹婆婆說：「用心去傾聽，你就一定聽得懂；你將會像海浪沖上沙灘的那一瞬間領悟人生道理。」這本挪威童話《日之東．月之西》讓我們想起曾經那麼熱情地追求過，曾經那麼真誠地相信過。伊人的身影在文字的召喚下，再次泛開一圈又一圈有光的漣漪，所有的美好，都禁得住時空的考驗。

我把《日之東．月之西》所說的送給男孩：「愛情的希望是不賣的，不管是金子或錢；男性也是脆弱的，需要真心愛他的女孩的拯救保護，不然他也只能與長鼻公主終身廝守。」

我相信，看似縷縷如輕煙消逝的愛情，在品讀《日之東．月之西》裡被輕輕惦記，被款款地留下愛情純粹的美好。

閱讀，療癒了我們（六）

《彼得潘》詹姆斯．馬修．貝瑞著

- 某個轉彎，命運還在等待，一定會有美麗安排。
- 即使長大後的世界遠不像所想像的那樣美好，我也要去勇敢面對。
- 人永遠拒絕不了長大。當你不是一個孩子時，你就會失去了你的想像力，你的身軀會變得日益沉重，一些美好單純的東西會漸漸被忘卻，只剩下世俗的紛擾。
- 永遠不要長大，這是一個孩子童話般的夢想。每一個孩提時擁抱過童話的人心底都曾存在過一個彼得潘，可是他最終會在你成長的過程中從你的心中淡去。

《祕密花園》法蘭西絲．霍森．柏內特著

- 在那快樂的日子裡，每一寸泥土上，每一處洞穴中，每一個角落裡，都藏著花朵。
- 當新的、美好的念頭開始擠走那些舊的、可怕的念頭時，生命又開始回到了他身上，血液在他的血管裡健康地流動，力量如洪水般向他湧來。
- 一個孩子遭遇的事情中有兩件最糟糕，一是從不讓他自作主張，二是總是讓他自作主張。

父親入獄，他不再開口說話……

——談同理

「今天是你的生日，你要不要寫信給獄中的父親？或是回家帶個蛋糕和你媽媽一起慶祝？」我對男孩建議著。

「你就是雙面人，別裝模作樣了……」

「你是靠老師的魯蛇，有膽就單挑……」

「上梁不正，下梁歪，你也不是好東西……」

「你就是一身黑，別想要蒙騙我們漂白……」

他的父親是個愛賭的賭徒，母親是個憂鬱症患者，幾個哥哥在學校不是逃學，就是打架、勒索他人。家人與人打鬥、母親自殺的消息，在街坊間陸續傳開後，引來同學們的議論與側目。

總默默承受的孩子

這孩子獨自承受世俗異樣的眼光，也承載著原生家庭加諸在他身上的一切苦難，但卻從未辯駁，或與人有過紛爭。

他世故地忽略同學間的冷言冷語，也刻意地寬容同學肢體的無理挑釁。孩子懂事的模樣讓人心疼，也讓人不捨，讓我多次發飆制止同學的行為，甚至連坐地要全班靜思反省。本是同家人，相煎何太急？

無奈的是，我干預愈烈，卻引來更大的反感。我插手愈多，愈是突顯他的與眾不同，甚至，還制不住少數孩子青春期躁動的情緒。

我只好按捺心緒，**冷處理同學標籤化他的行為，也安靜地注意暗黑的情緒壓力**，別勒緊他的生活與感知。

那天，幾個同學刻意隱瞞課程調整的消息，讓做完資源回收的他，孤零零地站在空無一人的教室門口枯等。

同事提醒我，要我趕緊到教室前處理。

壓抑住內心的怒氣，我讓他趕緊到實驗室上課。

但，一切的一切，都讓我氣憤、憂心。我到底該怎麼做，才能成為保護他的騎士老師？

努力讓其他孩子能同理男孩的困境

後來，我找了捉弄他的幾位同學，誠心地與之懇談。

「如果你是他，你希望別人如何待你？」

「把他逼上絕境，發生憾事，你會開心一點？」

「你可以選擇自己出身嗎？選擇富爸爸或富媽媽？」

「你會樂見自己是情緒勒索者？還是情緒的排遣者？」

「出淤泥而不染的勇氣，難道不該被你們讚揚或學習嗎？」

同學們在我的問題引導下，面有赧色了。

我繼續乘勝追擊。

「自己某些無意的行為、無心的言語都足以傷害同學的上進之心，甚至打擊同學好好做人的勇氣。無法雪中送炭，已是遺憾，怎能落井下石，對待親如家人的同學？」

那次的對話，讓頑皮的同學轉變態度，他們開始注意到他的堅強與獨特，也願意多些同理與賞識。

「笑一笑嘛，你的臉龐表情淡然，很超齡耶。」

「哭一哭也沒關係，你都沒有喜怒哀樂，太《一ㄥ了，會內傷耶。」

命運的再一次無情鞭笞

沒想到，當他與同學關係破冰，加溫之後，他的父親卻因詐賭而入獄。

他沒有哭著要別人同理，也沒有要別人施捨關注，更沒有要別人伸出援手。他就那麼安分地、靜默地接受命運在他身上一次又一次無情鞭笞，不聲不響地走在自己本分的道路上，只是他幾乎不再和其他人說話，包括我。

社工師試著與他聊天，希望他能敞開心胸，好好地釋放情緒。

孩子安靜地點頭，表示他真的沒事。

但他希望，我們別再找他輔導與對話，因為他覺得一直聽人說話，好累，好累。

我們都擔心情緒的稻草會壓垮他。但是，他已經下了最後通牒，**靜靜地陪伴是我們唯一能做的**。

給他時間與空間，適度的觀察與關心就好。畢竟，我們都不是他，也無法知道孩子的內在到底真正的需要是什麼，除非他願意開口。

總想為男孩做更多

身為老師，我是這樣無能的不知道可以再給他什麼實質的幫助。偶爾，**我會把買給他的東西偷偷地裝在紙袋內，趁同學不注意時，掛在他的木椅上。**即便他提醒我，不要再幫他申請補助，我還是**讓慈善單位進行評估，對他的家庭進行實質上的金援**。

當我發現他喜歡畫畫，我就叮嚀他盡力去嘗試與繪畫相關的大、小比賽，希望他有個生活的重心和目標。

「老師，我可以拜託你不要再替我做那麼多，好嗎？讓我像一根羽毛輕輕地活著就好。我一向沒有羈絆，你的關心讓我的心飛不起來，有負擔了。」

我愣住了，被實實在在拒絕後的警語，讓我更悵然若失。

孩子感覺到我的落寞與傷心，淡然地說：「每個人都有自己的天命與自己的難關，老師有讀過《解憂雜貨店》的這段話嗎？『雖然至今為止的道路絕非一片坦途，但想到正因為活著才有機會感受到痛楚，我就成功克服了種種困難。』

「我不希望自己的痛移轉到任何人身上，得到更多的愛就會變得依賴。我希望老師能體諒我的心情，讓我平靜度日，不要有太多起伏。」男孩面無表情地說。

「如果，你是東野迷，你應該知道：『寫信的人縱使心中已經有了答案，但因害怕，所以遲遲無法下定決心，諮商的目的只是為了確認這個答案是正確的。』你只需要一個朋友，一個相信你可以做得很好的朋友。人生的方向還是你得替自己決定的，我只想單純的當你的朋友，以浪矢爺爺的身分。一個老師的存在，就是守護學生而已，**一個老師的尊嚴就是陪著學生度過難關，你跨出一小步就好**，相信我，我不一定能解什麼憂，但是真的願意好好地陪著你一起度過難關。」我無力地說著。

「不管是搗蛋還是惡作劇，寫信給浪矢雜貨店的人，和真正為了煩惱而上門的人一樣，他們的內心有破洞，重要的東西正從那個破洞漸漸流失。最好的證明，就是他們一定會來看牛奶箱，會來拿回信。老師傻傻地期待這樣的事情能在我們之間發生，但是，奇蹟會出現嗎？別以為現在我對你好，是我吃虧。我是在大膽投資，相信未來的你能接續這樣的正能量，給予身邊的人更堅強、壯大的力量。」

孩子吃驚地看著我，眸光閃過少見的溫柔。

鼓勵男孩寫信給獄中的父親

「今天是你人生最重要的日子，要不要寫信給獄中的父親？或是回家帶個蛋糕和媽媽一起慶祝？**如果願意接受提議，草莓蛋糕放在辦公室的冰箱，記得帶回家和媽媽一起度過你的生日。外盒放了張卡片，你可以寫給獄中的父親，鼓勵他**，浪子回頭金不換，我們在門前繫綁黃絲帶，等著他回家。」

隔日，我在辦公桌上，看見一杯咖啡和一小塊切得方正的草莓蛋糕，搭襯一張小卡：

對我來說，家人最重要。為了保護家人，我可以做任何事，也可以犧牲一切。**我在東野圭吾的文字中找到的力量，也在老師不遺不棄的行為中被解憂、被救贖了**。是老師提醒我，「正因為是白紙，所以可以畫任何地圖，一切都掌握在你自己的手上，你很自由，充滿無限可能，這是很棒的事。我衷心祈禱你可以相信自己，無悔地燃燒自己的人生。」

我充滿憂鬱的人生，卻能在書本中望見光，在老師的身上找到溫柔的慈悲。一條充滿窒礙的人生之路，不尋常的風景，讓我不再急著，也不再趕著，想認真地走得好好的。

孩子的改變雖然很微小，等待的歲月雖然很漫長，但是這就是教育的意義，也是東野解憂的另類形式吧。

與其說，我們替孩子提了燈，燦亮了路，不如說，我們也在孩子的需要中，看見自己的人生之路，正在遠方熠熠閃閃，等著我們去追逐。

閱讀，療癒了我們（七）

《解憂雜貨店》東野圭吾著

- 他不僅沒有忘記，還經過自己的咀嚼，運用在自己的人生中。雖然他向我表達感謝，但其實沒有這個必要，因為他是靠自己的力量獲得成功。

《發條鳥年代記》村上春樹著

- 我或許敗北，或許迷失自己，或許哪裡也抵達不了，或許我已失去一切，任憑怎麼掙扎也只能徒呼奈何，或許我只是徒然掬一把廢墟灰燼，唯我一人蒙在鼓裡，或許這裡沒有任何人把賭注下在我身上。無所謂。有一點是明確的：至少我有值得等待有值得尋求的東西。

《跑吧！美樂斯》太宰治著

- 我偽裝成騙子，人們就說我是個騙子。我充闊，人人以為我是闊佬。我故作冷淡，人人說我是個無情的傢伙。然而，當我真的痛苦萬分，不由得呻吟時，人人卻認為我在無病呻吟。我想和那些不願受人尊敬的人同行。

小一被關過廁所半天，小二……
——談霸凌

「老師，老師……」女孩在連叫了我好幾聲老師後，開始崩潰大哭。

「走，我們不要理他……」

「走，我們不要等他……」

「走，我們不要和他或她同一組……」

「走，我們不要和他或她說話……」

當她說完這些話，一群人沆瀣一氣地全然接受。

班上的某些小眾於是開始被冷落，我感覺這是技巧性的霸凌，情緒的無形綁架。

她是漂亮的大姊頭，人緣極佳，待人慷慨，男女通吃。

班上同學對她愛戴有加，景仰之情如滔滔江水、綿延不絕。

但是，為什麼她討厭的同學，我都喜歡著；為什麼她排擠的同學，我都心疼著。

她機靈聰明地從未擅自踩到我的底線，甚至，在我幾次想出手制止時，她就能覺察而改弦易轍，態度急轉直下。

我深知這個女孩不簡單，也將會是教學生涯的一大挑戰。

我知道，有教無類、因材施教；我也知道，每個孩子的表現都有冰山以下的成因。

但是，她巧言善變，我捉不住她的心思。

每一次與她的對話，都讓我感覺自己活在楚門的世界，分不清何謂真，何謂假，甚至，我開始懷疑孟子，人性本善的初心。我也困在某種善與惡，信任與懷疑的內在焦灼。

我不能反抗，我怕他們不喜歡我

那天放學，有位女孩趴在座位啜泣，細細、微微、淒淒、慘慘、戚戚。

我忍不住走近，抱了她一下。

女孩有些驚慌，也有點膽怯：「老師……」

「怎麼了？發生什麼事？」我忍不住問著。

「沒事，老師，沒事。」女孩子的聲音顫抖著，感覺受到很大的驚嚇。職業的敏感度，讓我說了善意的謊言：「我剛剛看到了，你要不要自己說說……」

「老師，你看到了？」女孩放聲地哭了。

「想聽故事嗎？小時候，我哭的時候，媽媽就會說故事給我聽。你想聽我說故事嗎？例如，《白雪公主》、《一千零一夜》、《台灣民間故事》？」我逗趣地說。

她善良地點了點頭。

「吳明益曾說，記憶比較像是易碎品或某種該被依戀的東西，但故事不是。故事是黏土，是從記憶不在的地方長出來的，故事聽完一個就該換下一個，而且故事會決定說故事的人該怎麼說它們。所以，**把你的記憶說出來，我用我的故事和你交換，如何？說完話，就讓內心的雜質清空，重新歸零**。」我溫情地和她喊話。

「○○要我一個人把家政作業的分組報告做完。可是，他們都沒有給我資料，我無法做簡報。如果，我沒有把作業做好，以後他們都不要和我同一組了。可是，今天我要去補習，還要去醫院看阿嬤，還有其他的作業、考試要做……但是，我不能反抗，我怕他們不喜歡我。」女孩毫無保留地說出來。

「沒關係，你就去忙自己的作業。其他的，先不用管，交給老師。善良，是生命的一種選項，但是別人也不能濫用他人的善良，占人便宜，讓人吃虧。**善良還是要有一條正義的底線在當防衛線**。就像愛默生說的，你的善良，必須有點鋒芒，否則等於零。」我嚴肅地說。

世界不一定都是美好的，有藏汙納垢的、隱晦暗黑的一隅。教育現場也是，但是，學生的心應該比較柔軟光明……或許，該是正面對決的時候到了。

為女孩朗讀一段文章

「〇〇，下課來找我一下，好嗎？自己一個人來就好。」

我刻意保持嚴肅，讓氣氛瀰漫著肅穆的凝結感。

我捕捉到她短暫出現的緊張與擔心的表情。

孩子還是孩子呀！即便在同學面前如此強悍，還是畏懼我的威嚴以對。

「老師，找我？」她收斂海派的性格，問話顯得有些拘謹。

「你認識胡淑雯嗎？讀過她的小說〈奸細〉嗎？」

「沒有，我沒有閱讀的習慣。」女孩回答得很小心。

「那麼，我說個故事給你聽，是有關〈奸細〉的內容。你不用讀，我替你朗讀。好不好？」我溫柔地說。

女孩的表情有些迷惘，卻也沒有拒絕。

「正義有時候，僅止於復仇。復仇有時，止於揭露。揭露他人，揭露我。其中有個擊中我的句子是：你也是嗎？跟我一樣嗎？我們都是某一種，難以說出口的嗎？當學校開始把人分階級，每個人都必須承受體制對於身分的命名時，我們被標籤化，也標籤別人，人與人的差異性不該是撕裂情感，反而應該是透過相互合作，消弭差異，讓我們的身心都得到安頓。

小時候，老師也被排擠過，安靜平凡得像邊緣人。或許，同學都是無心的，但是我常覺得自己是孤獨的，內在常處於難以言說的哀傷。我開始偽裝自己聽懂同學的笑話，勉強地加入他們的所有行程，甚至，東施效顰地想變成他們那種類型的人。每一次的刻意，老師的心都好疼痛，痛到自己都快無法看清自己。**失去自信的我竟然開始排擠自己，討厭自己，有了厭世的想法。這件事，我從來沒對人吐露。曾經，我也是絕望的靈魂。**」我有些哀傷地說。

女孩崩潰大哭

「老師，為什麼要告訴我。難道……」女孩恐懼地問。

「你別瞎猜。我只是感覺到你和我當時一樣，都刻意把真實的自己隱藏了。那不是我們的模樣，青春就是該哭就痛快地哭，該笑就爽朗地笑。**不要勉強自己的真心，不要擔心自己該站在哪一個階級，我們該被如何評價**。在偽善的世界活久了，你會忘記初心是簡單與澄淨的，不小心也在階級與是非界線中擺渡，迷惘著。讓我擁抱你一下，好嗎？讓滄桑的靈魂，有個可以停歇的港灣，願意來老師溫暖的國度，讓我成為你的朋友？」我真心地問著。

「老師，老師……」女孩在連叫了我好幾聲老師後，開始崩潰大哭。

一個人能這樣好好地哭，是多麼痛快的事。哭完，就被善良的光救贖了。

我拍了拍她的肩膀，靜靜感受她的暗黑與無力，希望自己有能力把她從情緒的黑洞拉出來。

我……好恨這樣的自己

「老師，我被霸凌過。小一被關過廁所半天，小二被同學拿掃把打過身體，小三……」

我幾乎不忍再聽下去了，眼眶盡是淚水。

「所以，我就像你說的，我報復別人的方式就是讓自己變強。我不允許自己再被欺負，就在我小四被打得傷痕累累的那天晚上，我發誓這是最後一次，所有的痛，我都要討回來，所有的苦，我也要討回來，不容許任何人有能力能再欺負我。所以，我開始變本加厲地當起霸凌者，也忘記自己曾經有多厭惡被欺負的感覺，我……好恨這樣的自己。我現在該怎麼辦？」女孩害怕地問著。

「別再責怪自己了，很多事發生了，不是追究對與錯，好與壞。問題是，我們絕對不能因為痛苦就報復別人，不能因為過不去，就傷害別人，那是多麼可怕的情緒食物鏈。

「人生有太多的悲劇，太多委屈，太多不願回首的故事，只要願意負責，願意承擔，願意彌補，**一個真心的道歉，都值得被鼓勵的，一次真心的贖罪，都值得被支持的**。老師願意陪你面對過去，願意陪你一起救贖自己與他人。從今天開始，我們走在陽光的道路上，為自己當一次浴火鳳凰，以真誠的心面對自己的過錯，在重重烈火的淬鍊下，重新你的姿態，躍動你的心跳。

「好好愛同學，才有機會抹去傷痛的印記。其實，白先勇在《寂寞的十七歲》提到，我覺得做人真麻煩，那種感慨，不被認同的疏離感，是每個青少年都要嘗受的年輕苦澀，一如少年維特的煩惱，寂寞的年少，得而復失的寂寥，常常是青春一次又一次的震撼教育。我們都在犯錯中與自己和他人和解，在自卑中喜歡自己，孤獨中肯定自己。」我說完，女孩臉上朗晴了，有種釋懷的放鬆。

從那天起，女孩彷彿讀懂了我，走在我的身邊，陪伴我與書為伍的生活。

我是多麼幸運，能與學生讀著有質量、有溫度的文字，能彼此靠得那麼近的，選擇讓細細微微的光照拂我們的性靈，忘懷他人或自己有意無意的傷害，學著向陽，真心寬恕他人或是自己的過錯。

青春，無須有太多塵灰，自然地愛著，笑著，享受著。這是身為一位老師對學生們唯一的祝福。或許，未來我們會一起學會體現人生的舉重若輕，此刻的跌跤，失意，真的真的沒有什麼過不去的。

我們都要好好地愛自己，走在有光的日子裡。

閱讀，療癒了我們（八）

〈奸細〉胡淑雯著

- 像個臥底的奸細。長滿心眼，仔細看，仔細聽，把全身的官能磨得又尖又細。
- 既是奸細，就不能讓人摸清底細。我們走進別人輝煌的家世裡面，沉默得像個孤兒、我族裡剩下的唯一一人。

《寂寞的十七歲》白先勇著

- 我曉得我不討人喜歡，脾氣太過孤怪。沒有什麼人肯跟我好，只要有人肯對我有一點好處，我就恨不得想把心掏出來給他才好。

《少年維特的煩惱》歌德著

- 我們是自己的魔鬼，我們將自己逐出我們的天堂。
- 我絕不會再像以前一樣，把命運加給我們的一點兒不幸拿來反覆咀嚼；我要享受當下，過去的事就讓它過去吧。

「我手上的傷都是爸爸打的……」

——談暴力教養

「如果，你願意用理解、包容的方式，好好和他溝通，甚至用愛擁抱他一次。你們之間的問題，是不是就能自然地迎刃而解？」我看著他的傷痕，含著眼淚說著。

「他一揮拳就把對方打得瞬間仆地……」

「他還兇狠的用腳連踹對方好幾次……」

「聽說他爸爸是醫生，怎麼會那麼扯？」

「他之前就有打人的前科，只是大家不知道……」

他們說的是大家眼中那個循規蹈矩的乖乖牌嗎？

成績優秀的他，個性內斂、教養良好，很難想像他會失去理智地揍人。尤其，大家口中的他，好像是個會常常犯暴行的「危險分子」。

男孩的衣袖滲出血水……

沒想到，剛剛大家口中的男主角就正臉色木然地走過我身邊。印象中，他很常到圖書館借書，是文質彬彬的孩子呀，是什麼事情讓他變成這樣？

突然，我看到他的手臂有被藤條打過的痕跡。

我唐突地抓住了他：「你的手要不要緊？」

他充耳不聞地甩開我的手，然後快步地往前走。

我沒有勇氣追向他，但他手背上一條條的瘀青，不像是和別人打鬥留下的痕跡。

那孩子的神情和我之前看到的也不一樣。少了書卷氣，多了暴戾之氣，少了溫柔的笑容，多了冷冰的眼神。

那天下課，我在圖書館的角落看見他。他靜默地拿本書，坐在窗櫺邊讀書。

當我走向他，他突然像刺蝟般地警戒起來，倏地，把書放在桌上，準備閃人。

我急著抓他，讓他突然發出一聲叫喊，「疼呀！放手，放手！」

我望向自己握住的地方，他的衣袖竟滲出血水……

「怎麼回事？你的手？」我喊了出來。

「不用你管，不關你的事……」他有些氣憤地說。

接著，他將手臂用力一甩，我重心不穩，往地上跌去：「好痛呀！」我不自覺地叫出來了。

原本想拂袖而去的孩子，本性還是善良的，他回頭看了我，眼神定定地往我這裡瞧。

我打定主意，必須要演一下苦肉計了：「我爬不起來，很痛。」

孩子愣了幾秒，猶豫之後，無奈地往我這裡走。

「可以抓我的左手，慢慢爬起來，可以嗎？」男孩雖然口氣冷漠，眼神仍透露著擔心。

「我擔心摔到脊椎，痛到爬不起來。」

「你太弱了吧？也太容易受傷了。如果，要你天天挨鞭子，可能連命都不保了……」男孩冷冷地說。

男孩眼神飄過一抹惶恐

我有些耍賴地坐在地上，問著：「這時代還有人會挨鞭子，又不是奴隸時代。」

男孩眼神飄過一抹惶恐之色，恰被我窺見，再掃過他放在桌上的書，那孩子正看著梭羅的《湖濱散記》。

「我居住的地方好像有自己的太陽、月亮和星星，寂寞得很。」

「你得做一個哥倫布，尋找你自己內心的新大陸和新世界，找出峽道來，不是為了做生意，而是為了思想。」

「梭羅不只是一流的土地測量師，更是熱愛自然生態、熱愛航海的冒險家，尤其，他曾收留一位遠從維吉尼亞州逃來的黑奴Henry Williams，且安全地將他送上夜間火車，載往自由的加拿大國度。一生努力從事解放黑奴的工作，看似生活恬淡，內在卻是躍動正義魂魄的人。我不敢說，自己能幫上你什麼忙，但是，**陪你走過風雨的勇氣**，**我還是有的**，我也是梭羅的信徒。」我語氣昂揚地說著。

「老師，梭羅很有勇氣，一把斧頭、一枝筆，隻身走進無人居住的華爾騰湖，與山林相伴，是個用書寫與行動實踐靈魂自由的先知。《湖濱散記》帶給我的是忘記現實生活苦悶痛苦的自由世界。」

將心裡的想法，說給父親聽

「你的傷，可以說一說，怎麼來的？我無意探問你的隱私。」我切中核心地問。

「老師，你應該可以自己站起來了吧。我看你，沒病沒痛，倒像個八卦狗仔。」男孩看穿我心思，用訕然的口氣說著。

「我不是狗仔，或是三姑六婆，我只是想……」我有氣無力地陳述著。

「我手上的傷是爸爸打的。從小，我就沒有玩耍的時間，沒有自由選擇的權利，更沒有犯錯的機會，不能和人發生衝突，否則，他就會體罰我。手上的傷，是他打的，打我情緒失控打人的代價。他愈打我，我就愈想報復在別人身上，那不是叛逆，是復仇。說真的，有一天，我受夠了，最想打回來的人，就是他……我像黑奴般過了那麼多年的生活，終有解脫的一天。你等著看，我會打倒家暴我的他……」

男孩的遭遇讓我想起上一代的父母，都是用「打、罵」的方式教育孩子，使孩子形成一個無法磨滅的錯誤印象。心理學上說，父母打罵的行為，常常會讓孩子不自覺地模仿，爾後，甚至複製這樣的暴力，處理人際之間的摩擦，甚至是家人間的衝突。

男孩或許也是在這種潛意識的瞬間反應下，無法抑制衝動而打人、踹人的吧。

「我無法合理你打人、踹人的行為，但我希望你擺脫用暴力處理人際關係的模式。**如果，要真正擺脫家暴，必須和父親好好談談，甚至把你內心真正的想法告訴他。或許，他的優秀也是在父母的鐵血教育下成功的，或許，他也是家暴的受害者**。你們家族一代傳一代，誤以為這是對的教養方式，你的父親出發點不盡然是傷害孩子，有可能是出於愛與期待，甚至是，望子成龍、望女成鳳的心意，但是，你必須用最大的誠意去終結這個暴力教養的悲劇。如果你也信仰梭羅，可以為了你的真理勇敢一次嗎？其實，我們都找到問題的癥結，父親應該不知道，他的打罵其實已經嚴重傷害你的身體和心理了。如果，你願意用理解、包容的方式，好好和他溝通，甚至用愛擁抱他一次。你們之間的問題，是不是就能自然地迎刃而解？」我看著他的傷痕，含著眼淚說著。

男孩還是有些倔強，不是很願意接受我的建議，即便看到我已淚流滿面。

「父親，你想過我嗎？」

「死，就像一次遠遊，父親，我在找你。」

「父親，東逝水了，東逝水了，我是岸土上奔跑追索的盲目女兒，眾生人間是不會收留你的了。」

「天倫既不可求，就用人倫彌補，逆水行舟何妨。」

我不自覺地念了幾句簡媜〈漁父〉的句子，這也是我在夜深人靜，讀著會掉淚的句子。

「我和父親的關係也不是很好，我們彼此傷害過，但是，衝突的畫面中藏有許多血脈相親的關心與渴望。我曾希望，有個慈父，完美的父親，溫柔的父親，當我哭哭啼啼的時候，他會是一彎避風港，收留我搖搖欲墜的身影，願意好好聽我說一句：『父親，我是愛你的。』」

男孩望著我滿是淚水的臉龐，點了點頭，沒說什麼地走了。

男孩父親的懺悔

有日，一位氣宇軒昂的中年男子，走向我的辦公室：「請問，誰是怡慧老師？」

「老師，我是○○的爸爸。」男子自我介紹後，我們陷入幾秒的沉默。

「老師，謝謝你，讓我和○○有好好說話的機會。我不是來澄清什麼，是來謝謝你，打開我們的心結，也讓我知道，體罰小孩不只不對，還會讓他身心失衡，甚至，有暴力的傾向。我有躁鬱症，在情緒失控時，會不自覺地走上一個極端，因為他太乖，從來沒有反抗，讓我以為，這樣做是對的……這個孩子封閉自己很久了，我差點逼他走上絕路。他告訴我，我再繼續打他，他會還手打我……或許，也會失手打傷我，打死我……」一個中年父親就這樣在我面前坦率地說了。

「爸爸，我只能說，你很幸運，○○是個好孩子，他忍了那麼久，你真的不應該這樣對他的。在浮躁的時代，我們到底能為下一代帶來什麼幸福感、真實感？別再找藉口，用暴力相逼，用暴力說愛了，好嗎？」當年初出茅廬的我，竟然能說出這樣嚴正的話語來教訓人。

「每個家都有自己的問題，一家一業。只能面對它、解決它，否則家會坍垮，會崩壞。此生，有緣成為家人要十分珍惜，我與父親也是緣淺情薄，如果能再回頭，也希望我不會執迷不悔地走在決絕的路上，能多點包容與同理，和父親能好好和解。」我懇切地說。

孩子的父親竟向我敬了禮，說了句：「我不會再用錯誤的方式愛他。」

離去的背影，讓我耳際響起郭強生的文字：

「但是能不能，也讓我有一次機會，再像孩子那樣哭一次？有沒有人可以把我當作孩子一樣摟住我，不要再對我說，你要堅強，而只需寬容溫柔地告訴我，好啦好啦，不哭不哭……」

想著，想著，心裡繚繞身為人子的感激之心、感恩之情，每個孩子的一段血淚經歷，常讓我回溯自己的生命系譜：「愛與不愛，都是家人間情深的牽繫，好好走，慢慢走，直至終老為止。」

閱讀，療癒了我們（九）

《湖濱散記》梭羅著

- 一個人怎麼看待自己，決定了此人的命運，指向了他的歸宿。我們的展望也這樣，當更好的思想注入其中，它便光明起來。不管你的生命多麼卑微，你要勇敢地面對生活，不用逃避，更不要用惡語詛咒它。
- 從今以後，別再過你應該過的人生，去過你想過的人生吧！

《何不認真來悲傷》郭強生著

- 但是我可不可以不必這麼堅強？我心裡總有一個虛弱的聲音在呢喃。一次一次相信事情總有轉機，以為挺過了眼下這一關，接下來就不必這麼累了。如今我還能繼續如此相信嗎？

• 因為太明白這種孤獨的代價，我知道自己早就沒有訴苦的權利。沒有人生來就需要這麼堅強，所有的堅強都是不得已。

《孩子謝謝你——一個父親的懺悔》王家貞、景鴻鑫著

• 人生不可能沒有故事，有些故事發生得似乎天經地義，有些故事發生得令人錯愕莫名。細細思索，卻不得不承認每一個故事的發生其實都有它的道理！

• 我想不透，一個人，可以在口口聲聲說愛一個人的同時，同時以毀滅他的信心、自尊、情感為樂。就像描寫中國傳統家庭的電影一樣，父母總以對小孩的責罰來表示對小孩的愛，或許你覺得那很正常，沒有什麼不對，但你可否想過，在小孩心中是什麼感覺。總之，我想說的是，我以後不想再跟你們連絡了，永遠不！

《聆聽父親》張大春著

• 有許多抒情式的觸動，感受乃至於思索，我都是在閱讀的世界裡重新溫習到的，那是別人的生命、別樣的生活，一旦映照到我的人生之中，便不免會隱隱然發現：屬於我自己的這個部分，早就被我鎖在某個幽暗、隱密的角落裡，那是個失語的所在，是個禁聲的所在，是個我竟然無能狀述的所在……

「媽媽剛過世，爸爸打零工，家裡被斷電……」

——談逆境

「有洗澡的地方嗎？我沒看見廁所？」我用手電筒照著四周。

「房間出去的轉角有一間共用的。我懶得去排隊，受不了，身體癢了，想洗才洗。」男孩悻悻然地說。

孩子們齊聲抱怨

「老師，他的身上有怪味，我可以換位置嗎？」

「老師，你可以叫他洗澡嗎？注意自身衛生是基本禮貌吧。」

難道身為菜鳥老師，就該隨他們擺布？連安排座位這種小事，都要指揮我？我對學生直率的發言，其實有點動氣。

但一轉念，想起自己青春期時，也會特別在意自己或他人外表的美醜，對氣味也特別敏感，不修邊幅的他，或許，在人際關係上，也會出現一些問題，同學的提醒，或許也是個警訊，我該找他談談嗎？

但是，年輕女老師面對正在成長的少男，實在難以啟齒，還要他注意自身的味道，正當我苦惱時，更大的風暴迎向我。

「老師，拜託你，讓他自己獨坐在邊邊角角，我們真的受不了……」

「老師，你可以提醒他注意衛生習慣嗎？不然，我都想蹺課了啦……」

「老師，你坐在他身邊一節課，一節課就好，你就知道有多難熬……」孩子們陸續走來，開始激動地說著。

黃梅時節，空氣瀰漫溽熱與濕氣混雜的氣味，若再加上汗味雜糅，的確會讓人心浮氣躁。只是，孩子提出要換位置的態勢，一個比一個犀利，難道只是「味道」惹的禍，還是有我不知道的事？

男孩的挑釁

「〇〇，我想去做家訪，爸媽什麼時候在家，方便我過去……」當我和他面對面，酸腐的味道從我面前襲來，果真有種難以承受的異味。

「〇〇，平常回家都在做什麼？作息正常嗎？吃些什麼？何時睡覺？」我問些漫無邊際的話，其實是想暗示他：我想去了解家庭環境，也趁機提醒他：一個人還是要注意服裝儀容，整齊、乾淨還是給人舒服、陽光的正面形象。

只是，我一直支支吾吾，不知如何開場。

「老師，你可以不用來家訪。我簡單地告訴你，我媽媽剛死，爸爸每天打零工到半夜，回家還會酗酒解悶。家中除了我，沒有其他人了。爸爸每天留一百元給我，隨便我花用。我心情好，就寫寫作業；心情不好，就去網咖混到半夜。最近，家裡沒繳費，正被斷電中，我在外面花光一百塊之後，才會回家。還有什麼想問的？」男孩淡然地說著。

「對不起，我不知道，不知道……你的處境艱難，我真的可以幫忙……」我有義氣地說著。

「老師，曾經有個老師罵過我們：『生命是以時間為單位的，浪費別人的時間，等於謀財害命；浪費自己的時間，等於慢性自殺。』你是念文學的，應該聽過魯迅的名言吧，你遠水救不了近火，你幫我一天可以，還是你要幫我一輩子，別只是一時同情心氾濫……」男孩不客氣地說。

「幸福總會找上門，你要做的是開門讓它進來。我的出現，可能是你翻身的機會，我會讓每個學生都像天上的星子，擁有閃爍的權利。」我大言不慚地說。

「老師，你好大的口氣，吹牛可以，但是，當真就愚蠢了。你哪裡來的勇氣？是要陪我混網咖，還是要陪我浪費生命？」男孩挑釁地問。

「今天我就去家訪，爸爸不在沒關係，先從整理環境做起。幾米說過，『每一個你討厭的現在，都有一個不夠努力的曾經。』我要努力讓你的人生改變，就要讓你看到我的努力。」我堅定又傻氣地說。

「你就賭一個晚上，讓我謀財害命你一個晚上，也慢性自殺自己一個晚上吧。」我不服輸地說著。

不到五坪大的居住空間

如果，我不能走進他的黑暗世界，我如何能真正與他溝通？

如果，我還是高高在上地輔導他，如何探知他生活的困難與需求？

哲學家柏拉圖說：『想要深入了解一個人，與其跟他談話一整年，還不如跟他一起玩樂一小時。』那**我就先從和學生一起回家打掃開始做起吧**，讓他棄守防線，願意接納彼此觀念的差異，用有效溝通與耐心陪伴，看見教育的曙光吧。

「老師，走吧。」放學後，男孩並沒有逃走，他準時地在辦公室外頭叫喚我。

同事們雖然不懂我的堅持，卻也同理地支持我想解決問題的決心。在我離開前，紛紛告訴我，有任何問題，都可以向他們求助，教育夥伴不是當假的，他們也都在身邊挺我。

拿著手電筒，走進男孩的家，是一間沒有窗扉，不見陽光，不到五坪大的地方，陰霉又刺鼻的腐臭味，父子生活的地方狹隘。或許，天天都得蜷曲著身體，才能勉強入眠吧……

「有洗澡的地方嗎？我沒看見廁所？」我用手電筒照著四周。

「房間出去的轉角有一間共用的。我懶得去排隊，受不了，身體癢了，想洗才洗。」男孩悻悻然地說。

「這樣不好吧。第一印象常在會面的三十秒鐘內就決定了，心理學上有個專業術語叫『初次效果』，第一次見面的剎那就足以決定給人的感覺，對未來的人際關係的好壞也是很重要的，聽過一見鍾情吧，別搞砸了自己的人生好事……」我幽默地說著，男孩聽著聽著臉都紅了。

「你知道，我很崇拜誠品創辦人吳清友，他談過場所精神的觀點，讓我很佩服。場所自有精神，他把經營公司當創作，閱讀自是風景，人文自成生活，經營自隨因緣。你住的地方，可以簡單，可以是狹隘，卻可以營造一種溫馨的，可歇息的，可承載快樂與哀愁的場所精神。我們一起來打造它，花點時間來布置它，讓它有○○居的精神。」

幫忙動手整理環境

我捲起袖子，先把所有的衣服一一撿起來放進環保袋，準備和○○一起到自助洗衣店去處理。

我再拿出幾個垃圾袋，把其他雜物該丟的丟，該回收的回收，堪用的放置一旁。

我像個勤奮的家政婦，這輩子從未那麼認真打掃過，只想留給學生一個好老師的印象，我拚命地做著。

「老師，你可以不用這樣，我會不好意思。看你忙得團團轉，我卻不知該從何做起，你讓我自己慢慢來就好……」男孩有點手足無措地說。

「有什麼不好意思，就當你家是我家。以後我流浪的時候，離家出走的時候，就靠你收留我了。」我有點逗趣地說。

「拜託，你先把自己打點整齊，至少換件體面的衣服，等一下，還要陪我去賣場買東西。」我邊推他出去，邊思考這個家還缺些什麼。

找回媽媽的味道

小小的家，布置成擁有閱讀、人文、藝術、創意元素的地方，讓孩子也能感染文藝少年的氣息。

如果，我能成功改造這個孩子，或許，也能更順利地管理自己的班級，讓他們相信我有能力帶領他們面對未來的風雨，迎接所有生命的疑難雜症。

那天，我買了一個ＤＩＹ書櫃，還有兩排置物櫃，一些日常用品，還不顧他的意見硬是買了一條碎花桌布要和書桌鋪搭，甚至，買了一個漂亮的茶壺、造型垃圾桶……我在賣場逛了很久，不斷構思，家裡的文青風還缺什麼來搭襯。孩子在身邊跟著，突然在一排花瓶區停下來說：

「老師，媽媽還活著的時候，也很會布置家喔，偶爾她還會插上一瓶子的花，家裡都會飄散花朵的香氣。」

「那就先買一個漂亮的玻璃花器，再去買一束媽媽喜歡的百合，找回媽媽的味道，讓你一個人在家，都想賴著不走……」我有感地說著。

「老師，你的心思很細膩，觀察力很敏銳，有藝術家的氣質。」男孩第一次認真地誇獎了我，讓我好感動。

「你知道，我最受不了人家誇獎我了。你還想要什麼，老師買給你。」

孩子對我投以感謝的眼光：「謝謝老師，讓我找回自己的家，找回過去自己的模樣。以前我也是很喜歡上學，只是很久沒念書，可能要花點時間追上大家。」

德國作家麥克・安迪曾說：「幻想的流失使空虛的惡魔吞噬世人的內心」，我好想找回孩子樂於學習，喜歡上學的感覺。

給男孩一個精神上的家

我拿起背包裡的一本書，書封上有兩條蛇，一白一黑，互相咬住了對方的尾巴，構成一個橢圓形的《說不完的故事》。

這本書描述一個小男孩因為避雨，躲進書店，偷了一本書。後來，巴斯提安透過閱讀，成功進入幻想國，用許願的力量，改造幻想國，也改變自己。

「現在這本書的主人是你。想像自己的未來，找到更好的自己，面對現實的殘酷，靠著想像幸福來平衡。」我滿懷信心地說著。

「**老師，謝謝你。給我一個物質的家，也給我一個精神的家。**」男孩緊緊握著小說，眼中含淚地說。

「一如哈利波特提到的，『你的選擇決定你是誰，而不是你的能力。』孩子，只要有自信，就會變得很亮眼，甚至，變得很勇敢，把老師帶給你的感動，複製到爸爸的身上，別讓他再酗酒。偶爾，和他聊聊天，你們不只要相依為命，也要相互支持、陪伴，好嗎？」我充滿信心地說著。

後來，孩子用想像力改變自己的人生，扭轉同學對他的看法。同時，也改寫我的教學系譜，豐富了我的閱讀故事……

閱讀，療癒了我們（十）

《說不完的故事》麥克·安迪著

• 他深深洞悉這個世界上，歡樂雖然有千百萬種，可是事實上這些歡樂全都屬於一種歡樂，那就是愛別人的歡樂。

• 在幻想國的路上，你必須從一個願望走到另一個願望，只有離開一個地方的願望還不夠，必須加上想去某個地方的願望。不是你決心想要的東西，你就得不到。

《哈利波特》J. K. 羅琳著

• 如果你想真正了解一個人，別看他如何對待一般人，而是要看他怎麼對待社經地位比他低下的人。

• 我們不需要魔法的力量來改變世界，改變世界的力量存在我們的體內，我們該做的事應該是激發這些能力，讓世界變得更好。

part2

孩子，這世界有時讓我們很傷心……

父母只在乎我的成績，他們有關心過我嗎？

——談溝通

「老師，你可以借我一點錢嗎？我想要去找我社群的朋友，我要去流浪……」

在睡夢中的我，被這通沒頭沒尾的學生電話喚醒，等我整理出頭緒後，才驚覺事態嚴重。

「天天黏在電腦前，你乾脆叫電腦爸爸、媽媽好了。」

「沒日沒夜地玩虛擬遊戲，你到底要不要考學測？」

「平常都不和我們互動，但經營線上社群，你倒是很厲害？」

父母打開房門，看見○○正在ＦＢ上和同學互動聊天，忍不住叨念了起來。

「你們除了叫我讀書，還有說過其他的話嗎？我上網不是只有打電動，我也在搜尋資料、打作業、做報告。我遇到困難，Google大神會回答我，你們呢？我心情不好，同學、朋友會及時安慰我。你們除了問成績，問分數，還問過什麼？」

○○說完，憤而離家，一夜未歸。

父母最後在網咖找到他，也氣急敗壞地和他有了肢體的衝突。

孩子傷心的來電

○○跑出網咖，慌亂間，他撥了我的手機號碼：

「老師，我不想再和那種成天碎念的父母住在一起了。他們除了罵我、打我，還會什麼？

「你可以借我一點錢嗎？我想要去找我社群的朋友，我要去流浪……」

在睡夢中的我，被這通沒頭沒尾的學生電話喚醒，等我整理出頭緒後，才驚覺事態嚴重。

「你是不是受了什麼委屈？你是個從不讓父母、老師擔心的孩子呀！」我試著安撫他的情緒，也讓他感覺有人同理他的處境。

「我爸媽只聽自己想聽的話……」

「我爸媽只說自己想說的話……」

「他們認為重要的，未來真的管用嗎？」

「他們真的是生我，養我，愛我的人嗎？」

「我受夠了當乖小孩，受夠了當你們的傀儡。我的未來就是要當米蟲、耍廢，沒有目標。我為什麼要為了你們的期待而活著。我活著，就是可笑的、荒謬的存在……」○○邊哭邊說。

不讓孩子覺得孤單

「對不起，讓你受傷了。好揪心的一段控訴，你在哪？要不要陪我吃個早餐，再決定是否要去流浪，好嗎？」

我明白，孩子內心的無助與恐懼，他的任性是因為情緒潰堤，他的逃避是因為孤立無援。此刻，他不需要說教，不需要指責，需要的只是一個聽懂他說話的人，讓他覺得世界不是決然孤獨的，未來有些曙光在等待他。

「老師，不要打給我爸媽，不要告訴他們：我在哪？你不要騙我，只是吃早餐……」他在試探我，也試著想相信我。

「你都要去流浪了，人生即將走向那麼瀟灑，那麼堅毅的旅程了，還怕賭一把，賭對一個老師的全然相信，換一頓豐富的熱騰騰早餐？或是——」○○在我話還沒說完時，就打斷我的話，唸出公園的地址給我，要我獨自去找他。

寫封信給孩子

掛完電話，我在床邊思索許久，我決定寫封信給他：

親愛的○○：

謝謝你，站在人生路口擺渡的當下，你打了通電話給我。這份被記得的感覺，很幸運，也很幸福。習慣用鍵盤打字的我，忘記自己是喜歡寫字的人。在出門與你共進早餐前，容許我：把想說的話，用書寫的方式，傳遞一份說不出口卻真誠的手溫。

離家出走，好像是每個小孩或青少年會竄出的念頭。當我們和家人間有了難以溝通或面對無法解決的困難時，離家成了我們唯一的選擇。

我第一次想離家是在小學三年級時，我被媽媽誤會了，內心覺得委屈，趁著倒廚餘的時間，打定主意要離家流浪。

我在村莊巷口繞了好多圈，可笑的是，世間何其大，沒有我容身之處。

家家燈火通明，笑語無數，溫燦暗黑的夜裡，我卻一無所依地準備要過一個人的生活。

我問自己：生氣什麼？想逃離什麼？怨恨什麼？過不去的點是什麼？小小的腦袋，晃進許多鏡頭……

有媽媽在雨中為我撐傘，同行回家的溫馨；

有媽媽為我親手煮飯，滿室瀰漫飯菜香的畫面；

有媽媽為我說故事的甜膩，有我躲在媽媽身邊膽怯的神情……

家人的愛像握在手中的熱茶，不時冒著騰飛的熱氣，喝下，暖了身子，也暖了心扉。因為你的一通電話，讓老師過往許多快樂與悲傷的回憶，倏地，像夜空花火，在眼前閃爍而過。

我沒有要替你的父母代筆或代言什麼，僅僅憑藉幾次說話與接觸的感覺，想告訴你，我的感覺：

我無力解決你們之間感情的糾葛，但是，**我難忘你的母親提起你，滿是笑意的臉龐；你的父親說起你，眼神頓時燦亮的模樣**，他們深深地以你為榮、為傲。我只想提醒你：濃厚的情感，有時會是彼此勒索的籌碼。人情溫度的延續需要彼此經營，在對等的關係下，才有機會溝通與理解。

讓你和父母回到距離剛剛好，溫度剛剛好的那個時刻，找回彼此相愛、互相信任的時刻，或許，你對離家，對流浪，會有不同的詮釋與選擇。

謝謝你，願意接受老派的我，用書寫的方式，和你說說話，是很真心話，只為你一個人說的話。

出發前，**我在書櫃前選出亞歷塞維奇《我還是想你，媽媽》一書，希望這本書能讓孩子記得他們一家人相愛的時光，而非彼此對立嘶傷的畫面**。

孩子臉上的淚水

「老師，我從來沒那麼早起來吃早餐，原來，一早學校附近就鬧烘烘，果真早起的鳥兒有蟲吃；早起的人兒有飯吃……」〇〇幽默地說完，囫圇吞棗地吃起來。

「餓很久了吧！吃慢一點，才能多吃幾份。那麼久沒吃，要把老師吃垮才行……」刻意幽默，調整我們的氣氛。

「老師，你不吃，看我吃，我怎麼吃得下？你也吃啦……」孩子注意到我好像沒點食物吃。

「你吃東西，我讀點書……我陪你吃，你陪我閱讀。」一說完，〇〇放下手上的食物望著我。

「全世界的幸福，都抵不上無辜孩子的一滴淚水。報導文學的力量，還是很直接、震撼人心的。這位白俄羅斯記者作家亞歷塞維奇，的確有他獨到的寫作功力，能獲得二〇一五年諾貝爾文學獎，真不是浪得虛名。」我自顧自地說著。

「我無法理解老師，怎能那麼氣定神閒地在早餐店看書，好扯！別看了，很尷尬。」孩子悻悻然地說。

「所以，你還是不敢走自己的路，還會在意別人的眼光，關心世俗的價值。你想流浪是形式上的流浪吧，你的價值觀還是普世價值羈絆與侷限的，即便離家出走，很快地，你還是會回家的……」孩子聽完我的話，憤怒地站起來想走開。

「○○，你先坐下來，坐下來……這封信看完，想走再走。」我從包包把信拿出來。○○忍住氣，打開信。一段沉默的時間後，我瞧見他的淚水流淌整個臉龐。

他望著我，我看著他，時間好像凝結了，他的淚水，我的文字，我們無聲地和解了。

喚起對家人的愛

「○○，說話是很直覺式的，有時候，無法練習，無法思考，傷害就造成了。但是，文字不會這樣，書寫是緩慢的，必須用愛研墨，用情句讀，才有機會成章成篇。你翻一翻這本書，都是在戰爭砲火下，失去母親疼愛的孩子們。戰爭至今沒有停止過，最大受害者依然是孩子。他們的成長，家人勢必缺席。一百零一位失去母親，失去童年的孩子，是命運讓他們的記憶，失去被親人照養、關愛的機會。只是，這樣的文字是否能喚醒我們反戰的決心與良知？同時，是否也提醒我們，該好好珍惜眼前擁有的感情？」我試圖喚起他對家人的孺慕之情。

「他是不是個記者？我在找小論文資料的時候，爸爸告訴我《車諾比的悲鳴》這本書真實呈現車諾比核災的真相：一九八六年四月二十六日，史上最慘烈的反應爐事故發生在車諾比。作者寫，那天晚上我聽到聲響，探頭望向窗外。他說：『反應爐失火了，我馬上回來。』我沒有親眼看到爆炸，只看到火焰。所有東西都在發亮。火光沖天，煙霧瀰漫，熱氣逼人。他一直沒回來……」孩子說起父親幫他找資料的臉部線條，柔和了。

「○○，人的一生要走得遠，必須要有足夠的信念，無論風吹雨飄，夢想的力量，可以積累一步一腳印，讓我們走到目的地。或許，站在路口，茫然忐忑，無所適從，或許，望向遠方，眾聲喧譁，無從判讀。總有那麼一刻，看不清楚的，或許能在閱讀過的文字中看見一點微亮，讓你繼續昂首闊步，安穩踏實地前行。**《我還是想你，媽媽》是我想送你們一家人的禮物**，拿著它回家吧！」

我溫柔地說著，孩子點點頭地走了。

孩子家人回送我的書

那天，孩子在教室裡缺席了，但我堅定地知道：他與家人的關係不再相互缺席。因為他們一家人，都是愛書人。終究會明白：**好的，壞的，光明的，灰暗的，都是我們的人生**。真心把自己掏空，重新歸零，有些新的思維，新的感知，會被瞬間啟動。有些疑問與困頓，在文字中會被解開。

有一天，那一家人在我的辦公室案頭放了一本《麥田捕手》。

我就站在懸崖邊，守望這群孩子，如果有哪個頑皮的孩子跑到懸崖邊來，我就把他捉住。孩子們都喜歡狂奔，常常不知道自己正往哪裡跑，我必須適時捉住他們，我只想當麥田裡的捕手。

我用一本書告訴他們家人的重要。他們用一本書，讓我在面對價值崩壞時，仍相信這個世界是美好的：我只想當麥田裡的捕手。

閱讀，療癒了我們（十一）

《當我提筆寫下你——你就來到我面前》張曼娟著

- 雖然我們都是打字之人了，所幸仍願意給彼此寫信、卡片與明信片。這樣的書寫，是一種貼近，是望著你的眼睛跟你說話，對我來說，無比珍貴。

《假性孤兒——他們不是不愛我，但我就是感受不到》琳賽・吉普森著

- 童年缺乏情感互動的人，不論男女，通常不相信有人會愛上「真正的」自己。他們深信，想要拉近雙方的關係就必須扮演以對方為重的角色。

《家人這種病》下重曉子著

- 家人之間，只要如微風徐徐吹過就好。如果彼此靠得太緊，反而看不清楚對方，再加上家庭有排他性格，所以實在沒有比家庭還令人感到費勁吃力的。
- 若是一個人不能享受孤獨的話，就算家人在身邊也無法享受孤單。

《紅嬰仔》簡媜著

- 做母親的是回不了頭的。我本不應踏入鋼絲網罟，如今既入，當然沒有抽身的道理。我只是嫌怪自己不夠強壯，怕無法保護孩子、承受災厄。
- 換一副心情想，其實，親倫緣法裡本就含藏離別種籽。臍帶斷，小嬰兒才有活路。想想我自己是怎麼離開父母的，孩子也會循同樣的路離開我。

「等考完試，我就要把這些書全部都燒了……」

——談人為什麼活著

「老師，我爸爸說，我是怪咖。我媽媽說，讀書就是讀書，怎麼會搞得那麼複雜。朋友說，我讀書讀到頭腦壞去了……」男孩難過地說。

我一本本撿起被丟到地上的書

「砰砰砰……」突然一陣漫天巨響的摔書聲，嚇壞了正在自習的同學。

接著，有個孩子大吼了起來。

「考完試，我就要把這些書全部都燒了……」

「煩，看到那麼多的參考書就覺得噁心。」

「真不知道，我到底為什麼要讀書？」

那孩子是一個擅長考試，成績十分頂尖的學生，他為什麼會突然把手上的書全數丟在地上，又為什麼對書發了那麼大的脾氣。

我慢慢地走向他，把散落一地的書，一本一本幫他撿起來，也瞧見了男孩的臉上掛著微濕的淚痕。

有些心疼，也能同理。面對如此高壓、密集的考試壓力，人的意志與靈魂是容易脆弱、膽怯的。

「我們談一談，好嗎？」當我把書疊回他的桌邊，小聲地問。

他沒有回答，有些茫然地看著我。

「走吧，陪我去走走。最近，我也好悶……」我示弱地說。

男孩半推半就地被我拉出教室。

《異鄉人》收留了我的憤世嫉俗

「十八歲那年，我好像也做過同樣的事。我是憤青，果然也教出和我同樣脾氣的學生來，這也印證我們師出同門，你絕對是我教的。」男孩笑了，有種釋懷的舒坦。

「我看世界很不順眼，大量的知識擠不進我小小的腦。我除了生氣，更多的情緒是自責，但也開始質疑知識的意義。當年，卡繆《異鄉人》的這段文字收留我的憤世嫉俗：我知道這世界，我無處容身，只是，你憑什麼審判我的靈魂？我似乎孤注一擲地，也開始放逐自己。」

「老師，是不是常常胸口都悶悶的，看到書或人都有厭煩的焦躁？」男孩問。

「那時候的我，和你一樣有厭書症的傾向。我刻意不碰書，天天做著白日夢，耽溺在被課外書讀懂的快樂裡：我第一次敞開心胸，欣然接受這世界溫柔的冷漠。體會到我與這份冷漠有多貼近，簡直親如手足。我感覺自己曾經很快樂，而今也依舊如是。卡繆的荒謬主義，搭襯當時我對世界的看法與感受。卡繆讓我感覺到，即便無法抽離於世，他參與了荒謬、投入了荒謬，成了真正的異鄉人，而我也是這個國度的異鄉人。」我認真地回憶著。

同理孩子的感受

「老師，我現在的心情和你當年一樣，我有說不出的痛苦，卻無力反抗，我遊走在現實與虛無之間。我不知道，我為什麼要這樣活著？」男孩痛苦地問。

「**活著，本來就是辛苦的**。別人給的期待，自己給的壓力，親友給的情緒，自己給的探問，在在都是糾結與苦悶。但是，當你陷入這樣的焦慮與恐懼時，才真正證明自己正在思考，痛痛快快地活著。你願意為自己內在的暗黑，進行勇敢地挑戰。在我眼中，你是個正在實驗我是誰的哲學家。你是擁有很成熟、很勇敢靈魂的人呀！」我鼓勵地說著。

「可是，我爸爸說，我是怪咖。我媽媽說，讀書就是讀書，怎麼會搞得那麼複雜。朋友說，我讀書讀到頭腦壞去了……」男孩難過地說。

「如果說，這世界每個人想的都一樣，做的事也都一樣，你認為這個世界會變成怎樣？無聊、無趣、了無新意，是吧！」

「老師，我覺得我剛剛……同學們，會不會……」男孩有些擔心地問。

「不會，不會。別擔心，做了都做了。你知道嗎？**能適時地發洩情緒，也是好的。長大後，我們被迫不能在別人面前表露自己的情緒，即便憂傷，也要裝得很快樂**。我們的教養告訴我們，不能生氣，不能失禮，不能流淚，不能失控，不能犯錯。所以，每個人的情緒都藏得很深沉，深到人與人幾乎都隔道牆在相處。有一度，我被人與人之間的牆，逼到無以名狀的憂鬱。」我誠實地說。

我們都可能是「局外人」

「老師，你也會這樣想？你也有人際關係的糾結？」男孩驚訝地問。

「當然，老師也不是完美的，雖然會要求自己做好。但是，平凡如斯，遇到困境，還是會有與《異鄉人》莫梭有著某種難以言喻的心境連結。例如，書中提到的『怕熱』，只不過是心情焦躁到無法控制的象徵，我們這一生也都在安頓自己，不容易做好這個功課。但是，閱讀與書寫一直讓我能靜下心真實地觀看自己，卡繆是最年輕的諾貝爾文學獎得主，出名得如此早，有人稱他是文學界的存在主義大師，有人稱他是哲學界的荒謬狂人。哪一個才是卡繆？哪一個才是我們在文字中讀懂的他？**卡繆安頓我的是，每個人都會做出一些在旁人眼中無法認同或理解的事，會有某一刻，我們被拒於主流之外，成為一個冷眼旁觀的局外人。**如果，每個人都有這個時刻，你又何必擔心它來得早或晚，你又何必懷疑自己是否要當個局內人。自在了，心就靜；自由了，身體就能跟著世界的韻動去漂浪，如此而已。」我真誠地說著。

懂得自己吃苦的理由

「老師，我此刻其實也猶豫著，如果，我就這樣放棄學習了，未來會不會遺憾自己的選擇？」男孩開誠布公地問。

「廖鴻基說：大海永遠都是起點，不是終點。**他為了喜愛的海洋挑戰了自己的侷限，跨越別人的眼光與價值觀**。他的書寫帶給許多默默堅持信念的人，很大的生命祝福與微光。廖鴻基說過，他以前講話會被笑，而且也不知道要講什麼。說話對他曾是那麼艱難的事，結果他學著用文字書寫與世界對話。一如他所說的，在航程上寫日記，練習文字，把文字練好了，因緣際會地開始寫作。

「老師的感覺是，廖鴻基從寫作出發了，願意挑戰自己不會說話的困境。用每次準備好的演講，深深撼動聽眾的內心，而對未知的海洋有了眷戀與懷想。那個不會說話的廖鴻基，把海洋的湛藍、神祕、美麗，透過自己生命故事的力量，可以說得那麼精采、精湛。或許，生命的挫折與磨練，有時候，反而是自我超越或是領受上天恩澤的另一種人生解讀。」我溫情地說著。

「老師口中的文字似乎變得可愛可親了，所以有時候好像是自己的心態與想法，綑綁住了自己，是嗎？」男孩眼睛閃亮地問。

「老師真的知道，你已經找到生命的答案了。你也知道，未來面對苦悶生活要如何自處了。雖然，知易行難，但是**在每一次苦痛的學習之中，我們也變得更強韌，更理解我們吃苦的真正原因，我們煎熬的真正理由**。

「就像詩人許悔之說的：文學有其自主而自足的典律，以其潛移默化取代了口號與教條，教人不自主地將美好的價值內化於無形，然後我們可以無邪地面對世界。所以，我們也在文字的流轉中，找到思無邪的力量，讀書的意義到底是什麼？考試的意義是什麼？學習的意義是什麼？如果你能更不受羈絆地來看待，書籍或文字帶給我們的是真實的力量，而非禁錮的牢籠。」

這些話彷彿也是說給自己聽的，因為此刻的我，也是這樣看待文字的力量呀！

後來，我望見他認真地把每本書沾染的塵灰一一抖落，細心拍拭的身影。

我知道，男孩回歸了文字的溫柔海洋，他珍惜每個文字帶給他的，無論是痛苦抑或是快樂。

此刻，他是一條自由唱歌的魚兒，優游文字的深情，享受好的壞的眼淚，帶給他成長恆久的滋味。

閱讀，療癒了我們（十二）

《自己》三毛著

- 過分為己，是為自私自利。完全捨我，也是虐待了一個生靈——自己。

《卡繆札記》卡繆著

- 我現在渴望的並非快樂，但求自己不要無知。人們總以為自己和這個世界是隔離的，但只需一株佇立在金色塵埃中的橄欖樹，或晨曦下幾片亮晶晶的沙灘，也許就能讓我們察覺到內心的抗拒正在消解。

《異鄉人》卡繆著

・從我遙遠的未來，一股暗潮穿越尚未到來的光陰衝擊著我，流過至今我所度過的荒謬人生，洗清了過去那些不真實的歲月裡人們為我呈現的假象。

《鯨生鯨世》廖鴻基著

・海上茫茫，何況海面底下的無底深邃，忽然間，我覺得迷惘。也許，在牠們眼裡，我們才是迷途的羔羊。

「我就是比不上哥哥、姊姊優秀啊！」
——談自信

女孩的媽媽冷漠地打斷我：「老師，你這是什麼意思？我不懂老師你到底在影射什麼？有話直說……」

「唉，哥哥那麼聰明、敏捷，為什麼○○的反應那麼慢，好像腦子都轉不過來？」

「唉，姊姊多才多藝，但○○為什麼找不到優勢？」

「明明是同父母生的，她的發展怎麼會跟哥哥、姊姊差那麼多？」

父母唉聲連連，聽在我的耳裡，心也糾結一團。親如家人，無意卻傷人的話語，讓○○的心或許早已千瘡百孔，難以復原了吧。

自暴自棄的女孩

「我就是那麼不討喜，我的存在的確是可有可無，好希望當年媽媽沒生下我這個異形。電影《愛》有句經典台詞：『每個混蛋背後，都有顆受傷的心。』我有顆支離破碎的心，卻連當個混蛋的勇氣都沒有，活得真是窩窩囊囊，連找死的勇氣都沒有……」女孩低聲囁嚅，聽得我膽戰心驚。

「天生我材必有用，你怎麼可以說出那麼自暴自棄的話？做人，簡單是幸運；生活，寧靜是幸福。每個人都有他的天命、責任，資質、天賦當然隨之迥異。更何況，你的氣質那麼出眾，讓我一眼就能立即注意到你。」我溫情地喊話。

「那天，您和爸、媽說話的內容，我都聽得一清二楚。我在他們的眼中是乏善可陳的小麻煩。當時，老師也被父母的話影響而不發一語，我有特別觀察到……」女孩責難地說。

「父母是愛之深，責之切。你是媽媽懷胎十月生下的寶貝，哪有不愛，哪有不疼的道理？怕麻煩就不會把你生下來，不喜歡就不會天天掛在嘴邊。家人一起生活、吃飯、說話，難免忘記說些體己話。其實，**愛都藏在尋常細微處**，人生除了甜膩的、甘醇的滋味，苦澀的、酸楚的味道，常常代表真切走過、愛過的人生百味。相信我，父母是真心愛你的，只是，目前你無法體會。」

我拍拍她的肩膀，希望親子間因誤解而生的愛恨情仇，終有寬慰和解的可能。

「老師，你是故意安撫我吧。真希望自己能像蜉蝣，是朝生暮即死的短命鬼。」女孩氣餒地說。

「別被《詩經》裡『蜉蝣掘閱，麻衣如雪。心之憂矣，於我歸說』的說法影響。你不是蜉蝣或微塵，是有能量改變世界的年輕人。偶爾，可以說說負能量的話來解悶，但千萬不能把難過當真，一直往心裡擱，知道嗎？」我鼓勵地說。

我猜，女孩應該很期待父母能懂她此刻沮喪的心情。**每個人都不是為了實現他人的期待而活著，我們都是獨一無二的個體，我們都有權利活出自己的姿態，而非為了討好誰而活。**

背負著家人期待的龐大壓力

那天，又在穿堂巧遇〇〇，猛然撞見她哭得腫如核桃的眼睛，在陽光下顯得特別醒目。

「〇〇，你來一下……老師超想你的，也好愛你。」**我立即給她一個很大的擁抱，用抱緊緊給她一種支持與鼓勵**，讓她知道，我對她的喜歡與賞識是純然真誠，絕對真心。

「老師，我到底能做什麼？父母關心的，只是成績，根本沒關心過我的想法。連我今天快不快樂，都不想知道。和他們溝通好多次，我不是讀書咖，就是笨蛋。他們卻聽不下去，只擔心如何向親人吹噓平凡無奇的傻B，未來可能會奇蹟式地跑出A咖人生。我的資質絕對不可能讓他們如願以償的，我就是別人口中的那種笨蛋，笨蛋呀！」

女孩的自信心接近崩垮，嚎啕大哭的模樣，讓我真的有種說不出的心酸。當她達不到父母的期待，就讓自尊變得很低、很低，低到塵埃裡去，完全看不見自己的需求。那麼溫婉甜美的女孩，為什麼會被迫要活得那麼卑微無助？

來自家庭的壓力，是馬上要解開的結，否則這個孩子會像枯萎的花，漸漸失去生氣的。

但是，我又該站在哪個立場去向她的父母說教？

我憑什麼去指責她的父母的做法？又該用什麼角色和態度去向她的父母說：自己的觀察和適性的教養？

遞給女孩母親一本書

那天，我在校園遇見她的母親，她正在詢問老師升學輔導的訊息。讓我靈機一動，轉身回辦公室拿出一本書來。

「媽媽，你留步一下，我一直找不到機會把這本書給○○，你可以幫我轉交給她嗎？」

我故作輕鬆地說。

「《小婦人》家裡已經有很多版本，還有中英對照、純英文版。○○很小就看過，應該不用再拿你的書了，我叫她隨便拿一本讀就好……」媽媽急著轉身，似乎要打發我。

「媽媽，我把這本書送給她是有原因的。○○是個很有能力的女孩，也很有自己的想法，是個不可多得的優質女孩。只是，長期對自己沒有自信，我想從這本書開始改變她，並從好好讚美她做起。嘿，我覺得你就是馬區太太的化身，用良好的身教栽培○○，這段話好像在描寫您：『我的夢想，就是希望你們成為心靈富足的女性，被人所愛、受人敬重，和善良的人結婚，就算貧困，也能度過幸福的一生——』」

我話還沒說完，○○的媽媽就冷漠地打斷我：「這是什麼意思？她並不貧困，目前也不需要談愛情，我不懂老師你到底在影射什麼？有話直說……」

「媽媽，給自己和孩子一個機會，讓○○相信自己，你的態度能驅除她心中自卑的陰影，安撫她無助的情緒。**優秀不見得是表現在學業成績上**，《小婦人》中的四位女孩，都有其優點，也有其缺點。但是，她們的母親，送給她們善良與自信，那就是面對人生挑戰最好的禮物。讓她們玩得開，輸得起，在人生經歷中，即便面對失敗、貧窮，還是被樂觀的陽光照拂著。難道你不希望○○也是《小婦人》書中的其中一位女孩嗎？這四個姊妹被譽為是美國文學史上，最惹人愛憐的小婦人，傳達每個女孩成長過程的掙扎矛盾、迷惘挫敗，一如我們深愛的○○。只要我們願意賞識她，就能讓她找到勇氣去做自己，只要我們願意支持她，就能放手讓她去翱翔，好嗎？我知道，說這些話是冒犯了，也踰越自己的身分……」我說完，認真地向她鞠了躬。

多希望透過這些話，讓孩子的母親明白：教育小孩必須打從心底愛他，欣賞他，**一萬句說教的話，遠不及一個熱情的擁抱；一萬次有形的物質享受，比不上真心賞識的眼神**，它將是支持孩子向前走的力量。

母親沒再反駁我，慢慢地說：「謝謝老師，我會轉告她，這本《小婦人》對她生命的意義。我會陪她再重讀《小婦人》，願自己真的能成為孩子生命中的馬區太太。」

望著母親離去的背影，我欣喜文字解決許多我們難言的、難懂的人生問題，讓我們能誠實地面對生命困挫，引領我們去閱覽不同的生命情韻。沒有世道價值的褒貶，只有真心誠意地接受。

女孩臉上的笑容

那天，女孩跑來還書，順便說：「老師，《小婦人》真的是青少年的經典好書，小時候讀它，是懵懵懂懂，現在倒覺得它解我的憂，解我的愁。重新閱讀，細細傾聽《小婦人》對我的召喚之聲，我想，是一種生命奮進的鼓舞。如果，未來，我有個女兒，我會把《小婦人》當成禮物送給她，就像現在，老師用這本書開啟我的快樂、我的信心。」女孩溫柔地說著。

家族治療師維琴尼亞・薩提爾（Virginia Satir）說：「我想要愛你，而不會緊抓著你；欣賞你，而不帶任何評斷；與你同在，而沒有任何侵犯……並且，幫助你，而不讓你感覺被侮辱；如果，我也能從你那裡獲得相同的對待，那麼，我們就能真誠地會心，然後，豐潤彼此。」一如《小婦人》讓不同世代的我們都能成為心靈富足的人，帶給我們手足、親人間，溫暖的互動，內在的良善，尋到助人愛人的人性光輝。

我再次抱著她，誠懇地謝謝她，帶給我師生共閱的感動與力量。

「最近，媽媽對我態度好像改變很多，還問我：最想當小婦人中的哪一個角色？是個性溫柔善良的梅格？還是豪邁直爽的喬？是像『天使』體貼他人的貝絲？或是古靈精怪的艾美？**她說，只要認真做自己，都會全力支持我**。

「今天早上，爸爸也當著哥哥、姊姊的面，要他們學習我的不貳過。用了建築師梁思成的話：『世界上絕對聰明的人是沒有的，絕對正確的人也是沒有的，重要的是你能夠不再犯同樣的錯誤。』希望，我們都能當聰明的孩子不貳過……聰明耶，第一次被誇聰明，連走路都有點飄飄然的。父母是真的愛我的，以前，我真的是誤解他們了。」女孩愉快地說著，眼神中帶著對家人的感激。

是呀，透過閱讀，我們對人世深懷美好與信心，走在每段生命的驛站，都能體會閱讀累積而來的心靈幸福。

偶爾，很餒累的時候，在書櫃前逡巡，書中的作者就會跳出來救贖我們的蒼涼，原來，生命的種種缺憾，絕對能用閱讀補足。

閱讀，療癒了我們（十三）

《小婦人》露意莎．梅．奧爾柯特著

• 希望你們能記住……不論是什麼祕密，你們都可以告訴媽媽，還有，爸爸、媽媽永遠都會站在你們這邊。對我們來說，你們就是最美好的寶貝。不管你們結婚也好，單身也罷，無時無刻都是我們的驕傲！

《什麼是教育》雅斯培著

• 教育是人們靈魂的教育，而非理智知識和認識的堆積。教育的本質意味著：一棵樹搖動另一棵樹，一朵雲搖動另一朵雲，一個靈魂喚醒另一個靈魂。

〈完形祈禱文〉福律茲．培爾斯著

• 我做我的事，你做你的事。我在這個世界，不是為了要實現你的期望而活。而你在這個世界，也不是為了我的希望而存活。你是你，我是我。如果我們偶然地發現彼此，那很美好。如果沒有，那也是沒有辦法的事。

《讓天賦自由》肯．羅賓森著

• 沒有人能準確預測未來的面貌，迎接未來的唯一辦法，就是找到個人天賦與熱情結合之處，在自己熱愛且擅長的領域發展，便能締造更高的成就與自我實現，藉以培養更強的應變能力。
• 每個人都有著獨特的才能和愛好，它們能夠激勵我們去取得超乎想像的成就。
• 他們的特別之處就在於他們找到了自己喜愛的事情，並且努力去做了，也就是說他們找到了自己的天命。

「他們在網路聊天室一起罵我……」

——談網路霸凌

「老師，你們是一起來嘲笑我，看我悲慘下場的，是嗎？」男孩情緒激動地吼著。

「老師，○○在操場上昏倒，被送到保健室了……」

「老師，○○肚子痛，已經躺在保健室……」

「老師，○○臉色發白，全身發冷，也進保健室了……」

不到一小時的時間，三個學生陸陸續續被送到保健室，讓我奔波往返在辦公室和保健室之間。

倉倉皇皇之際，突然竄升的第六感是，這應該不是偶發事件，平時這三個人是情義相挺的死黨，同進同出的。在相似的時間點生病，難道事有蹊蹺嗎？

「你們三個小壯漢，還好嗎？平常不生病的健康寶寶，怎麼突然都掛病號？」

三個男生面面相覷，你看我，我看你。

「怎麼了？有事瞞著我？還是——」

「老師，我們沒怎樣，就是最近功課壓力重，讀到身體有點虛弱了……」個頭高的男孩鎮定地打斷我的追問。

「是嗎？」我狐疑地望向他們，其中兩人的眼神閃躲，臉上表情略顯僵硬。

「讀書重要，身體也要照顧好……」按捺狐疑的衝動，但情感上還是相信他們所言屬實。

「你們好好歇息，上完課，我再來探望你們。如果好一點，也讓我知道……」離開前，我還是叮嚀護士多關照他們。

男孩們愈夜愈high的原因

隔日，其中一位瘦小的男孩走進來辦公室。

「老師，你願意聽我說一下話嗎……」男孩揪著臉說。

我隨手拉張椅子，讓孩子坐下。

「這個新聞和你有什麼關係：男子疑因體虛熬夜、長時間姿勢不變，加上天氣寒冷，引發心臟病發猝死。」看著男孩轉傳的訊息，我迷惑地問。

「我看到這個驚悚的新聞，突然聯想到自己，很擔心自己會不會變成第二個？」男孩臉色蒼白地說。

「最近，我迷上網路遊戲，愈夜愈high，我幾乎無法自拔地愈來愈晚睡。今天升旗，我竟然昏倒了，這算不算身體發出的警訊？」男孩開誠布公地說。

「我覺得你能自省自覺，很了不起耶。只是，處於網路世界，我們的生活、情緒，幾乎會隨著Facebook、Line、虛擬遊戲的交流所牽動，**愈來愈多人封閉在特定的社群中，以同溫層的方式相互取暖，看到他們所想看到的事實，相信他們所想相信的理念，形成一種信者恆信、不信者恆不信的偏見視野**。

「有人說，在事實過剩的年代，每個人都是偏食主義者。如果可以，我們應該讓生活多元、開闊些，不一定侷限在某一種遊戲平台或是社群關係上，走出虛擬，看看真實世界，感受不同的人情溫度，也是不錯的選擇，你願意試試嗎？」我關心地說。

「你也別自恃年輕就常常熬夜，睡眠與健康是息息相關的。熬夜會造成代謝及免疫失常，身體機能受損。昏眩是比較輕微的症狀，你還是要好好歇息，恢復元氣。你是我心目中的陽光男耶。」我幽默地說。

男孩如釋重負地點點頭。

希望我的話，可以療癒、鼓舞他，讓他找到新生活的力量。

男孩被孤立

「老師，我被封鎖了！」

「寫給○○的訊息，已讀不回。」

「他們在網路聊天室罵我是抓耙仔……」

男孩臉色疲倦，口氣沮喪又痛苦。

「我只是告訴他們，半夜我不能上線，而且和老師談過後，想調整作息，唯有健康的身體，才能走得長遠……結果，連續三天，他們看到我上線，就馬上離線。我傳訊息，也沒有回音。在學校和他們打招呼，也沒有回應。老師，難道我又做錯了嗎？」男孩方寸已亂，急亂地問。

「你是不是只看到失去的部分，而忘記自己所擁有的？本來想尋回健康的，現在卻在同儕價值觀的質疑下，不只失去健康，也失去友誼，你其實可以創造雙贏的……就像《莊子》說的：『厲風濟則眾竅為虛。』大風停了，原本發出聲音的樹穴孔竅全部恢復虛空寂靜的狀態。既然下定決心，為什麼內心還會騷動不安呢？」

我說著說著，把蔡志忠的漫畫《莊子》給他。

「老師，你給我這本漫畫是？」男孩搔搔頭說。

「心的執念帶來無數煩惱與自我設限，有成有毀、有得有失，端看你怎麼去思考，什麼格局成就什麼高度。你若能從被毀謗、中傷、打擊中，堅守立場和信念，便能成大事，超脫成毀得失，甚至在迷亂中找到覺悟。每個人都是獨立的個體，何必受人控制與影響？」我還是希望男孩聽得懂，悟得透。

也是該介入這場紛爭的時候了，讓孩子們明白，什麼是真正的友誼。

無法改善的困境

「老師，找我們來，該不會又是抓耙仔和你說了什麼讒言吧？」男孩語露不滿地說。

「太先入為主了吧，心才是自己的主人。難道，你們相處的溫度是假的？他對你的好是有目的的？還是，他有做什麼傷害你，讓你不開心的事？**你們可以先靜下來傾聽自己內心的聲音，你是真的想和他斷交嗎**？心看似柔弱，但經過有意識的訓練，它可以是護衛自己一生最有力量的武器。想一想，斷交的原因是意氣用事？還是不得不的結果？」我情義殷殷地說。

「你覺得老師知道你們天天玩線上遊戲會不開心，那麼，你們又為什麼要隱瞞我，偷偷玩？徹夜玩遊戲如果是對的，應該揪我一起玩，為什麼拒我於千里之外……」兩位男孩一時間不知要說什麼好。

「老師，你口才好，書讀得多，我辯不贏你，但是，我也有交朋友的權利，你不能勉強我……」其中一位男孩態度強硬地說。

「《為自己出征》提到，武士為身上盔甲，再也感受不到一個吻的暖意，聞不到空氣中傳來一朵花的香氛，聽不到旋律優美的曲子。但，可怕的是，武士開始對於『感受不到』這件事，無動於衷了。

「你們一生都要在真理的道上打仗，只是每個人的仗不一樣。學習如何愛別人，愛自己，甚至，面對負面情緒纏擾時，能擁有更廣闊的心去駕馭它，真誠地面對它。鐵三角缺一角，就不能無往不利了，甚至讓好兄弟吃不下、睡不著，也是你們樂見的？珍惜生命中能夠為了自己而放棄自己尊嚴的朋友，這是千金難買的緣分。」我真心地勸著。

「我可以清楚地告訴老師，這招對我沒有用，我是憑感覺交朋友。沒有感覺了，就散了，無須勉強。」男孩強勢地拒絕我。

有時候，事與願違好像是個魔咒，你拚命想當個好老師時，考驗就接踵而來，折磨著你的意志，你的信心。

男孩在那次談話後，不只沒有接受我的提議與規勸，甚至變本加厲地開始霸凌當事者，讓我陷入「我不殺伯仁，伯仁卻因我而死」的沮喪情緒。

《莊子》救贖了孩子

倒是，被霸凌的男孩看得很開，回過來安頓我的心。

「老師，昨晚，姊姊也和我一起讀漫畫《莊子》。蔡志忠真的很厲害，他把那麼抽象的哲學，用圖像表現出來，讓我體會到，莫若以明，是**要跳脫自己的觀點，盡量站在他人的立場看待彼此的歧異與爭執**。既然我選擇了健康，遠離網路，就不可能再和他們變成線上戰友，有共同話題與目標，就像〈逍遙遊〉說的，安所困苦哉，生命寄託沉痛於悠閒之情，是莫大的學習，逍遙不容易，至少做到面對自己。」

聽完男孩說的話，我才發現**教會他的不是我，而是一本書**；透過分享，也救贖了我的不安與無能為力，讓我體會到自己也陷入我執的僵局。

崩潰的男孩

「老師，○○狀況不好，你可以去看他嗎？」被孤立的男孩跑來了。

「你怎麼把自己搞成這樣？」我不敢相信自己眼前看到的。

那個意氣風發，不斷堅持自己做法的大男孩，竟然眼眶發黑，泫然欲泣的模樣。

「老師，你們是來嘲笑我，看我悲慘下場的，是嗎？」男孩情緒激動地吼著。

「孩子，老師即使不是光，也希望得到你的信任。過來談談，沒有什麼事可以害怕的，頂多一無所有，我們從頭再來……」我忍不住拍了拍男孩的肩。

「老師，我遇上強悍的駭客，把我的金幣都偷光，還冒用我的名，亂發文，惹怒我所有的朋友，我變為網路黑名單，被封鎖，被謾罵真的好痛苦……」孩子崩潰地說。

「冷靜下來，**我們先在公開的平台發文澄清，再私訊給你覺得重要的人，告訴他們實情**。我記得康乃爾大學Jeff Hancock教授曾提到千萬鄉民式謊言，透過族群力量讓發言立論成為輿論重心，不用任何一人挺身而出，即可對某人或是某事判生或判死。**在網路世界，你們要學會保護自己、辨識消息來源，不要人云亦云**，更積極地說，讓自己具有辨識知識、媒體的能力，而不受到不當的影響。」

聽我說完，三位男孩就積極去處理，也在網路世界成功地替男孩平反，甚至也分享許多正面訊息，要網友小心類似的事件，不要被迫害或是抹黑。

我們都走在學習的路上

在教育的路上，我和孩子都在學習。**人生不會只有是非題或是選擇題，常常是要好好思考的申論題**。

那天，三位男孩又到我的辦公室分享最近在網路上作弄對方的事，故意在FB充當愛慕者，發文傳情，只是，很快地被班上同學識破，足見，要當網路藏鏡人沒那麼簡單，心要夠黑，說謊功力也要天衣無縫。

看見孩子雲淡風輕地笑著說著，相互捉弄彼此，並在網路風波中重拾彼此自信的靈魂，**善用網路而不被網路所役使。**

禮物之所以成為禮物，端看被不被接受，人與人之間的情感也是如此，必須互動互感，才能成為彼此的依靠。

閱讀，療癒了我們（十四）

《為自己出征》羅伯．費雪著

- 你的一生並沒有浪費，你需要時間來學習剛才學會的東西。
- 他放掉了所有害怕的東西，放掉所有他知道、他擁有的東西。樂意「擁抱未知」使他自由了，現在，宇宙是他的——讓他去經歷和享受。

《正是時候讀莊子》蔡璧名著

- 放下成見，從紛擾中抽身而出、等距照看，從對立的兩端騰升到足以明照一切的天空。隨時留那麼點注意力在一己心身——從一天一刻凝聚精神，到時時刻刻凝聚精神。
- 讓無理之人接受顯而易見的道理，求不具同理心之人能具同理心，最後仍孤身跌落教人難以接受、難以置信的無理幽谷，隱約聞見遙遠的朋伴朝谷底傳聲輕喚：無理，是這世界、有人的地方，再正常不過的事。

「從老師到父母，每個人都勸我讀理工科……」
——談選擇

女孩不只品學兼優，剛出爐的學測成績也表現得十分優異。她是人生勝利組，為什麼要哭得那麼傷心？

「如果，我當初堅持選第一類組，現在就不會把局面弄得那麼狼狽。」

「如果，我的學測分數考低一點，現在就不會搞到家庭革命。」

「如果，我和哥哥一樣有個性，現在就不會想放棄自己的堅持！」

女孩清秀的臉龐掛著兩行清淚，讓我忍不住回過身叫住她：「同學，不好意思，你怎麼哭了？需要幫忙嗎？」我焦急又唐突地問。

「沒事，沒事。」女孩趕緊拭淚，神情有些驚恐。

「我覺得你需要一個聽眾，或是幫忙。你願意談一談嗎？」我拉住女孩的衣袖，企圖盡點力。

「謝謝老師，真的沒事……」女孩懂事地點點頭，快閃離開。

偷偷記住女孩的學號和名字

女孩孤立無援的身影，無奈又不知所措的悲傷臉龐，不斷浮現在我的腦海。我偷偷地記住她的學號和名字，希望能用大海撈針的方法，再從其他處室找到她的基本資料。

女孩不只品學兼優，剛出爐的學測成績也表現得十分優異。既然是人生勝利組，為什麼要哭得那麼傷心？甚至，對自己的未來表現得如此茫然、無助？

擦肩回眸的緣分，女孩的淚眼無法只是過往雲煙。對於給學生幸福的想望，還是我最喜歡做的事。

「老師，有事嗎？」女孩看到我突然出現在教室外，回身驚訝地問。

「就是，有點擔心你……所以，一間間地找，終於找到你。我覺得，你需要一個聽眾，說一說你的故事，我想，我應該可以勝任。你也可以相信我……」面對陌生的她，我的話雖說得支支吾吾，但是內在的情感是真摯的。

「老師，為什麼會認為我願意說給你聽？你的自信從何而來？」女孩淡定地問。

「直覺，念文學的直覺。當老師的第六感……**談自己，才有辦法正視問題，了解你自己內在的需要，解救及療癒自己的靈魂**。」我堅定地說。

「文學的直覺？老師真的願意聽故事？不說大人觀點的話，或是勸我改變心意，就是單純地聽，是這個意思嗎？」女孩有些動搖地問著。

「是呀！就當說個好故事給一個好奇寶寶聽。」我俏皮地說。

家人的質疑

「老師，家人問我：『成績考那麼高，為什麼要填國文系？這個年代，沒有人要念國文系。念國文系，以後能養活自己嗎？念文科的未來，到底有什麼出路呢？』」女孩丟了一堆的問號給我，讓我猶豫該回答，抑或是選擇沉默。

「高二選組的時候，明明很喜歡第一類組的學科，但尊重家人的專業建議，所以就乖乖選擇了第三類組。考學測的時候，大家要我全力以赴，只要考出成績，最後都會尊重我的科系選擇。我不討厭科學，但是我更喜歡文學。現在，從老師到父母每個人都勸我讀理工科。

因為，他們怕我是一時迷惘，造成一生的窮苦潦倒、淒淒慘慘……」女孩說著說著，眼眶又紅了，忍了許久的情緒，還是潰堤了。

「哭吧！哭吧……你真的陷入選擇的困境了。」

當一個人認真地做了一個決定，卻被所有人質疑或遺棄時，女孩的處境是讓人心酸的，這也讓我不得不說：

「科技、科學是社會進步的動力，但是人文思維是讓科學家不被機器人取代，繼續創造的核心價值。**不管讀什麼科系，我們的同理心、人文的關懷，甚至，勇敢追尋我是誰的探問，是一輩子追求的真理。**」身為念文學的我，忍不住還是發表了自己的看法。

女孩聽完有種攀住浮木的如釋重負，甚至，破涕而笑了。

「老師，我們是同路人，我的直覺告訴我，你也是腦中常常有問號的怪咖……」

「會笑就好，表示，腦子開始進入運行與思考。蘋果執行長庫克說：『當科技走入黑暗角落時，人性是照亮黑暗的蠟燭。』只有科技，遠遠不夠。無論你們會做什麼，無論蘋果在做什麼，我們永遠無法捨棄人性，這是一份承諾。

「你想想：這句話背後的意義，它代表念文學、哲學、歷史等人文學系的真正價值。科技始終無法取代人性，人性來自於人文思維的爬梳與建構，**人文情懷常常是一個人存在的美好靈魂。**」我進一步與她分享自己的觀察。

女孩內心最糾結的問題

「老師，念文學會有前途嗎？我會不會餓死？或找不到工作？」女孩問了一個內心最糾結的問題。

「優游在文學的世界，是最舒服自在的時候，偶爾迷途了，它會指引我回家。回到心靈的家。我很努力地在國文科得到滿級分，證明我不只是有興趣，也是有能力駕馭它。未來，它也會成為我競爭的優勢。」女孩語氣堅毅地說。

女孩無所畏懼的回答，神情躍動著文青魂。一如《解憂雜貨店》說的，「通常諮商者心裡已有了答案，找諮商的目的，只是為了確認這個答案是正確的。」

她的自信應該被好好讚嘆，甚至被深情擁抱。為何普世的價值觀，讓她可能會繽紛的未來，走得如此踉蹌、顛簸？我們到底給孩子什麼樣的選擇與建言？

「魯迅曾說：『當我沉默著的時候，我覺得充實；我將開口，同時感到空虛。』如果，你能原諒庸眾對你的嘲弄，你的心將更寬容；如果，你能理解他們的不懂，他們的無知將如法挫折你飽滿的意志。千萬不要因為得不到互許的共鳴，就感到自己的理想無法實現，無須悲觀地看待文學，落入他人的思想窠臼。

「**邁向夢想的路上，常常要忍受不被理解的磨難，也因為那樣的苦痛，你更理解自己為何吃苦，為何而戰**。或者，換個角度來看，如果當年魯迅沒有棄醫從文，我們就無法讀到針砭世道的《阿Q正傳》、《吶喊》，也無法讓我們瞧見橫眉冷對千夫指，俯首甘為孺子牛的狂人魯迅。」我期待這些話能真正撫慰她的傷感。

「老師，我在讀〈孔乙己〉的時候，不覺得他可笑又可悲，反而是對人情的冷漠，世道的敗壞，更覺得心痛。學問能助人而不是害人，但兩者關係微妙，常是水可載舟，亦可覆舟的體現。」

女孩的見解獨到，的確是適合走文學的孩子，她的筆未來或許也能為台灣社會帶來一些微光與祝福。

請試著再溫柔地與父母溝通

「你知道嗎？魯迅在評論《儒林外史》時曾嗟嘆：『偉大也要有人懂』，就像你的文學夢也需要有人懂。其實，你的內在很堅強，只需要好好地和家人溝通，把今天你告訴我的，試著再溫柔地說一次，讓他們讀懂你。

「身為父母，哪有不愛自己兒女的？他們最終的依歸，還是希望你能得到幸福與快樂。再相信自己與父母一次，再相信文學與老師一次。認真地、有信心地去找他們再說一說。」我熱情地向女孩喊話。

女孩的淚痕乾了，我的擔心也卸下了。看似萍水相逢的緣分，卻是一次很深刻，對彼此都有助益的對談。

申請入學的結果在一個月後放榜了，女孩考取國立大學的國文系。我默默地站在榜單前，替她喝采、替她開心。她還是戰勝了內心的恐懼，贏得家人的支持，持續走在夢想的路上。

我所珍視的卡片

最感動自己的是，女孩在自己畢業典禮那天放在我案頭的是一張珍貴的卡片。

「曾經，我的心分外地寂寞。現在，我的心很平安：沒有愛憎，沒有哀樂，也沒有喧嘩色和繁雜。有人說，這是魯迅用三個沒有來表達心靈的沉滯和落寞。但是，我在這段文字看見力量，讓我寂寞的心，感到平靜。每個人都該在孤獨中，找到自己的想望，文學之於我，就像陽光與呼吸，不能一日失去。謝謝老師願意讓我相信文學，看見文學的力量，因為我知道，你也是熱愛文學的，我會和老師一起堅持，相信我們的相信……」

女孩的文句充滿溫暖與陽光，一如女孩娟秀的字跡，讓我的眼淚不自覺地滴在卡片上。

我和女孩相逢，看似陌生又熟悉，彷若前世今生。該走在一起的人，常常繞那麼遠的路，終究，還是相遇了。

內心充滿著感激，感激能和孩子相遇在生命的光點，心有靈犀地讓彼此都相信師生有情，人間有愛。

如果，我們不是反對學生想太多，而是教會他們該怎麼去「想」事情，這個「想」的過程，是不是可以讓教育變得不一樣？

閱讀，療癒了我們（十五）

《吶喊》魯迅著

・我在年輕時候也曾經做過許多夢，後來大半忘卻了，但自己也並不以為可惜。所謂回憶著，雖說可以使人歡欣，有時也不免使人寂寞，使精神的絲縷還牽著已逝的寂寞的時光，又有什麼意味呢？而我偏苦於不能全忘卻，這不能全忘的一部分，到現在便成了《吶喊》的來由。

魯迅

・踏上人生的旅途吧。前途很遠，也很暗，然而不要怕。不怕的人面前才有路。

《解憂雜貨店》東野圭吾著

• 我的回答之所以發揮了作用，原因不是別的，是因為他們自己很努力。如果自己不想積極認真地生活，不管得到什麼樣的回答都沒用。

〈水雲〉沈從文著

• 我是個鄉下人，走到任何一處照便都帶了一把尺，一把秤，和普遍社會總是不合。一切來到我命運中的事事物物，我有我自己的尺寸和分量，來證實生命的價值和意義。

《邊城》沈從文著

• 在這個世界上，所有真性情的人，想法總是與眾不同。

「我爸爸失智到都不認得我了……」

——談痛苦

「你可以不要讓自己承擔那麼多。如果，如果你願意，可以把我當家人，我願意聽，也會認真聽……」

我忍不住抱住女孩，那個孤單又勇敢的靈魂，需要被好好地愛著呀！

「我祖母患了阿茲海默症，容易迷路，無法正常言語……」

「我爺爺更慘，直接忘記我是誰，他喪失長期記憶。」

「聽說，阿茲海默症會遺傳，會忘記重要的日期或是活動，會重複詢問同樣的事情。」

「我怎麼覺得，自己好像也是阿茲海默症的患者，常常忘東忘西……」

「你是凡事不上心，我欠你十塊，你隔了一個月還記得，別故意用健忘來卸責。」

同學們因為健教老師上課提及的內容，下課就延續著話題，彼此笑鬧起來了。唯有那位女孩典雅的臉龐，因為這個話題，臉色開始鐵青，甚至蒙上一層陰鬱。

我知道，她的家人正承受阿茲海默症之苦，愁雲慘霧著。

一如余秋雨說的：「每個人都有一個死角，自己走不出來，別人也闖不進去。我把最深沉的祕密放在那裡。你不懂我，我不怪你。」

女孩的沉痛心事

那天公務繁亂，事事糾結，女孩突來的蒞臨，猶如一抹溫馨的夕陽餘暉，照耀在淒冷的辦公室裡。

「老師，你還好嗎？臉色有些蒼白……」女孩關心地問。

「沒什麼，就是累累的，今天四處碰壁，有種故人變仇人的低落。」我忍不住還是向她討拍。

「這種感覺我經歷很多，人情淡薄，世事難料。面對人情，我能當老師的前輩。」女孩像老僧解惑似地說著。

「我可以說真話嗎？你把心事藏得好深，情緒壓得好緊，別顧著安慰老師，你也要找時機，讓負能量釋放些，我也擔心你被家人的病給困住了……年輕就放肆地笑，大聲地哭吧，那是青春的特權，我希望你快快樂樂的。」誠懇地說著。

女孩收斂臉色，眼神迷茫，我的話喚起了她的憂愁，時間彷彿靜止住了。

「我記得，老師今天提到：當父母有力氣罵我們，表示身體正好，要心存感謝；當父母有時間管我們，表示生活無虞，要心存感恩。這句話很動人，因為我的父母從未罵過我，管過我，因為他們就是無能為力這樣罵著、管著、衝突、溝通。爸爸愈來愈沒有能力想起過去的事。有時候，他連我是誰都不太知道了……」

我拍了拍女孩的肩頭，這種相看無言的景況，實在折磨。

心疼地抱了女孩

「媽媽扛起家中的經濟重擔，我實在不能再替她添麻煩。雖然，我很想很想和她痛快地說說話，因為，我有很多很多的事情，好想好想告訴她。」女孩說著說著，我的眼淚止不住地流下來了。

「你可以不要讓自己承擔那麼多。如果，如果你願意，可以把我當家人，我願意聽，也會認真聽，也願意當你的一面鏡子，給你真心的映照與回饋。」

我忍不住抱住她，那個孤單又勇敢的靈魂，需要被好好地愛著呀！

「老師很喜歡《流放的老國王》裡的一段話：『父親再也無法從橋那頭走到我的世界

來，因此我必須走到他那裡去。』我和父親的關係也是這樣，他從來無法理解我的思想，我的情感，所以我們幾乎無法溝通交流，直到有一天，我做了一個很長的夢，夢見他離開我了，永遠的離開。

「夢中的我，難過到不能自已，我求老天給我一點時間，和他多說說話。我求老天原諒我的偏執，我想多讓他知道，我也愛他，以後我會愛他的好，愛他的不好，愛他讓我來到這個人世，領略悲傷離合的滋味。**我該記住：我們是親人，他不走來我的世界，就換我走過去他的世界。**」

女孩聽完激動地哭了，她的淚臉讓我回想起：

自己長久以來，和父親無法走近的距離，無論是年少或是現在，都是我的心事與困擾。我和女孩在彼此的淚水中，看見自己對親情的渴望。我們在親情缺口的遺憾中，深深渴求著愛人與被愛的可能。

生命在悲歡離合中流轉，我在，父親在，歲月就能靜好，無論我們是否走在平行或聚合的路上。

女孩一度想放棄讀書……

「老師知道我的父親是身心障礙者，母親是外籍新娘嗎？」女孩認真地問。

「不管我知不知道，都不影響我對你的真實感覺。**習慣用外在的價值去判斷一個人的溫度，或是標籤化別人，常會失去真正的標準**。如果，同學曾用這些價值觀傷害過你，請寬容他們的無知。雖然，這不該是你需要承受的苦難與人生經歷。未來，你的故事絕對精采，絕對動人，因為老天給了你不一樣的逆境，讓你突破，給你勇氣，你所閱覽的會是絕美的風景。」

這樣坦誠地對話，是我喜歡的感覺。

「同學對我投以的異樣眼光，不論同情或嫌惡，都是一次又一次的刺傷。每次在放學回家的道路，都讓我舉步維艱，好煎熬。不是面對空蕩蕩的家，就是好不容易相聚，卻又不斷爭吵，撕裂的情感，讓我好想離家出走。被流放的人該是我，而不是失智症的父親。

「好幾次，我都想放棄讀書，跟著媽媽去工廠做工，貼補家計。**老師卻不斷地提醒我：別短視近利，我有念書的天分，我的成功，也是替家人翻身的機會**。所以，我很感謝給予我高額獎學金的丹鳳高中，讓我可以好好學習。」女孩一股腦兒地說完心裡的話。

憶起自己曾有過的生命泥沼

開誠布公的氛圍，讓我的回憶也慢慢溯到過去的場景：

我和母親坐在廳堂廊前齊做手工小物，長達十二小時的機械式生活，讓自己都變成行屍走肉，以及和母親必須到很遠的地方搬回一筐一筐的龍眼來加工的慘澹童年。

「貧窮曾經困擾我們，卻也因為貧窮的淬鍊，讓我們培養出堅毅的性情，家人間有爭吵、有誤解、有激情、有體諒，面對人生風雨的打擊，感情更臻深厚，火爆的衝突與和解的淚水交織出生命的雋永滋味。

書寫是抵抗遺忘很好的方式，試著記錄一些生活的點滴，或許比對著鏡子或與我說話更療癒。回憶過去、記錄現在、計畫未來也是一種自造夢想的模式。」我也提供女孩當年用閱讀與書寫，完成自我對話的方式。

「**每個家庭都有難言之處**，**每個家庭也都有它需要學習的功課**。一次相伴溫馨的出遊，一頓為對方親手烹煮的菜餚，一場靜靜傾聽彼此心跳的散步，躺在對方腿上的安靜午寐……這些都會讓你感覺到自己被家人的愛緊緊包圍著的幸福。」

我試著把閱讀《流放的老國王》的心得分享出來。

女孩對失智父親的感悟

「當天黑時，恐懼便來臨。這時，父親便惶恐迷惘、無休止地團團轉，如同一位流放的老國王。這段文字好像在描繪父親的現況，讓我觀察到失智的父親，臉龐一些細微的表情，有哀愁、有快樂。靜靜望著，彷彿也經歷著他過去生活的喜怒哀樂。」女孩透露出愉快的表情說著。

「我的父親曾是個英勇的軍人，是帶領許多人向前衝的英雄，現在的他，因為失智，猶如被丟棄在陰暗世界的敗將。**有時候，反而覺得上天對他是寬厚的，如果他有感於自己的處境，或許無法撐過日昇日落，現在這樣反而是種解脫。**」女孩恍然大悟地說著。

女孩理解地說：「米蘭・昆德拉說過：人生無可避免會失敗，我們唯一能做的是去了解人生。對於真假世界的迷航，情感回憶的失溫，**記得的人永遠比遺忘的人痛苦**。但，角色互換，他也不希望記得的人是痛苦困擾的，好好替父親創造家人間連結的互動，讓彼此都記得當下的感動，記得彼此的笑語，每一次家人間的交流，都是上天的恩典。

「就像阿諾・蓋格說的：父親總是令我措手不及地展現他溫柔的一面，他會把手放到我的臉頰上，有時候用手心，但經常是用手背。這時我會感覺到，我和他的關係永遠不可能再像此刻這般親密了。」

我和女孩的生命都有著一個被流放的國王。一個人可以遺忘，卻無法抹去歲月在他的性格烙印的圖騰。我們的父親都曾是溫暖的人，也曾是勇敢的人，即使失去生命的某一部分，他們也可以擁有溫暖勇敢的心靈，繼續他們的人生。

只要我們相信：任何人都會遺忘過去，無關失憶與否。因此，框住此刻幸福的剎那，讓自己不被溫暖流放，我們擁有的都會是真實美好的當下。

閱讀，療癒了我們（十六）

《流放的老國王》阿諾．蓋格著

‧我凝視著他。雖然他試著隱藏自己的精神錯亂，我仍然看得出來，這一刻對他而言有多痛苦。他極度不安，額頭冒汗。看著眼前這個人處於驚恐邊緣，實在令我難受。

《我想念我自己》莉莎．潔諾娃著

‧昨天隨風而逝，我的明天無人知曉，那麼該為了什麼而活？我謹守一日哲學，決定活在當下。不知道到了哪一個明天，我將會忘記自己曾經站在你們面前發表過演講，即使這些記憶在未來被遺忘，並不代表我沒有認真把握今天的時時刻刻。即使終究會忘記今天所發生的事，也不表示今天一點都不重要。

《目送》龍應台著

‧我慢慢地、慢慢地了解到，所謂父女母子一場，只不過意味著，你和他的緣分就是今生今世不斷地在目送他的背影漸行漸遠。你站在小路的這一端，看著他逐漸消失在小路轉彎的地方，而且，他用背影默默告訴你：不必追。

孩子主動承認自己作弊……
——談悔改

巡堂時，突然看到○○神色慌張地把小抄拿到桌面，振筆疾書地寫起答案來。

「老師，作業放在這裡，請您查收。」
「老師，平時成績我算好了，請您確認。」
「老師，這是我自己做的蛋糕，您嚐嚐。」
○○擔任我的小老師兩年多，不只貼心，還盡責、認真，從未讓我有過煩憂的時刻。

心痛又憤怒的一幕

那天，秋陽正好，巡堂時，突然看到○○神色慌張地把小抄拿到桌面，振筆疾書地寫起答案來。

既心痛又憤怒的情緒湧上我的心頭。

○○怎麼可以作弊？他怎麼可以把我的諄諄教誨當成耳邊風？

不過，理智也不斷提醒我，此刻，我應該要冷靜，不宜讓事端擴散。我應該把情緒壓抑下來，至少要忍耐到下課……

心神不寧的我，有些舉步維艱，甚至坐立難安。

鐘聲響起，我神色鐵青地叫住了他：「○○和我回辦公室……我有事找你。」

「我肚子餓，想去合作社……」孩子態度輕鬆，一點都不自知山雨欲來風滿樓的局面，即將在我們之間火爆上演。

「買完東西，你立刻到我辦公室……」我的口氣堅定又嚴峻，讓他收斂起態度，望向我。

「老師，今天吃了炸藥？還是，遇到不開心的事……」他展現慣有的溫暖，認真地探問著我。

許多複雜的情緒升騰，但我決定還是急事緩辦：「你先去把肚子填飽。有時間再來找我。」

孩子很有禮貌地點點頭，還拍著我的肩頭：「老師就是那麼體貼，那麼善良，好喜歡老師……」

一個老師的深切自省

我被這句話翻攪得內心糾結不已，不知為什麼，突然陷入一種內在價值的拉扯。難道，我剛剛眼睛看到的作弊畫面是假的？耳朵聽到的暖心話語也是假的？善良和作弊可以不畫上等號嗎？那麼善良的孩子，為什麼要作弊？

但**孩子們有被賦予過思考兩難議題的抉擇訓練嗎？**他們知道，作弊沒被抓到，也算作弊嗎？**如果只是不斷地教條式地宣導道德議題，而非深植內心的價值建立，那麼，誠實與否的意識，存在的意義，將無法成為他們一生探問、學習的歷程。**

孩子真的知道，考試的意義嗎？誠實的重要嗎？

我想起《蘇菲的世界》不斷探問的情節，「你是誰？」「世界從何而來？」當蘇菲慢慢釐清所有謎團之後，終能以「彷彿乍見」的眼光，重新面對自身的處境與生活。

當我要求他們「做對的事」，但卻從沒有在生活中真切地教過孩子：什麼叫做「對」，什麼叫做「錯」，是非善惡的尺度與標準該是什麼。

許多的情緒困擾著我，只能再把《沒被抓到也算作弊嗎？──學校沒有教的33則品格練習題》找出來閱讀，試圖找到答案。

不預設答案，先設身處地為孩子想

「老師，請你喝個飲料！不要心情不好……我挺你！」孩子趁著午休時間跑來找我。

「○○，如果，你走在一條人煙罕至的小路，走著走著，突然遇到紅燈的號誌，你會停下來嗎？」我微笑地問孩子。

「應該……應該不會……」孩子支吾很久，最後還是卸下心防，坦率地回答我。

「○○，我覺得你的回答好誠實喔！我的答案和你一樣。當我面對這樣的情況，直覺停下來是沒有意義的，因為沒人……」孩子聽完，眼神突然發亮地看著我。

「沒想到，老師也會犯規，會做壞事……」孩子調侃著我，但這也讓我知道，他的心中有一把道德的尺，而且還訂得滿精準的。

只是，他為何要作弊？內心的謎團，讓我更勇敢地追問下去。

「如果，作弊沒被抓到，你會認為自己作弊嗎？」我猛然地再丟問題給他。

「我不知道……」孩子有些猶豫，眼神有些忐忑地說。

當我設身處地站在孩子的角度去思考生活中的道德難題時，人生彷彿沒有預設的標準答案。我們對問題，應該有不變的堅持，但也要保持與時俱進的彈性空間。

「不要擔心，老師只想和你討論一下價值澄清的問題。有時候，道德永遠比法律的標準訂得更高，因為我自己也常在情境的兩難中困惑著。」我求助式地問。

「我不知道，老師為什麼突然問我這個問題。」孩子神情有些慌張，感覺如坐針氈。

「還記得《蘇菲的世界》裡的一段文字嗎？『我們來到這美好的世界裡，彼此相遇，彼此問候，並結伴同遊一段短暫的時間。』雖然是小說題材，卻巧妙地糅合三種經典的敘事模式：推理、書信和師生問答。

「這本小說讓枯燥的哲學問題，變得很有趣味，就像蘇軾說的：『人生到處知何似？應似飛鴻踏雪泥。』很多的聚散離合也是難以言說的無常，但是，老師很珍惜，很珍惜和你們在一起的時光。尤其，你是如此溫暖又特別，善良又認真……」

我和〇〇陷入記憶的長河，回溯當時閱讀的場景，都還歷歷在目著。

向孩子坦誠自己的想法

在某些時候，我認為自己和他是如此契合，或許對他有所期待，才會對其表現格外在意，甚至要求完美吧！

「老師，我可能有你沒看到的一面，可能是陰鬱的、黑暗的、不善良的……」孩子有些氣餒地說。

「有時候，老師也會犯錯，想逃避，甚至會想犯規、作弊。只是，你們的眼神都提醒著我，要珍惜成為老師的機會，不能讓你們失望，要正直、善良、誠實地活著。我常想，如果我的職業不是老師，我到底會變成一個怎樣的人？可能會撒謊、貪求、憂鬱、膽小……」我坦白地向孩子說出自己的想法。

「老師因為要當學生的支柱，所以才讓自己堅強；因為要成為我們學習的對象，所以才讓自己天天精進？」孩子很驚訝地看著我。

「是呀！當外在的表現和內心的自己合而為一時，自己練習變成更好的自己，努力往更好的方向前進。」

孩子邊聽著，臉色也柔和起來。

孩子主動懺悔

「老師，如果，你發現自己做錯了，而且是犯了很大的錯，要如何挽回或是彌補？應該誠實地面對嗎？」

孩子終於把心中的壓力與疑惑說出來了。

「**人生的難題是選擇，是價值觀的建立**，一如蘇格拉底說：『不經反省的人生是不值得活的！』真正的智慧，來自內心的自省力，願意認真思考自身發生的問題。**老師無法給你一個是與非、對與錯的真正答案，但卻願意陪著你們去找答案**。就像老師認為作弊是對自己內心的欺瞞與不誠實，那是我的價值觀，我雖然無法複製自己的價值觀給你，但是，即便陷入兩難，我們還是要做出正確無悔的決定。

當你認真思辨過，認同也體認誠實是你的內在價值時，這輩子不管你面對任何的情境，都會誠實以對，不打假球、不做虛妄的事、不會作弊……」我好像逮到機會似的，不疾不徐地說出我的看法。

「老師，這幾天我被一堆考卷、分數壓得喘不過氣來，其實我……」孩子欲言又止，有些沮喪地望向我。

「勿以善小而不為，勿以惡小而為之。如果，你覺得偶爾約會遲到沒有關係，考試偷看幾題沒有關係，偶爾下載違法的音樂或影片也沒有關係，因為這樣無所謂或是放過自己的想法，我們就很難回到誠實的自己了……」

孩子在我的面前不發一語地流下了淚水，反覆說著：「對不起，對不起。」

在複雜難解的人生中，生活兩難的問題如影隨形，不斷探問我們價值的底線，但是《蘇菲的世界》，一個又一個來自哲學的探問，讓我們從混沌走向清明。

「哲學家從來不會過分習慣這個世界。對於他或她而言，這個世界一直都有一些不合理，甚至有些複雜難解、神祕莫測。」但是，唯有堅定自己的價值，不受外在干擾，即便市聲鼎沸，我們還是能尋回一顆清明的心，做真實的自己，不管是否有人發現，我們都會守著誠實的準度，走在正直的路上，向陽光的彼端邁進。

閱讀，療癒了我們（十七）

《蘇菲的世界》喬斯坦．賈德著

- 我現在知道人都有脆弱的一刻，我們憑著感覺走，邊走邊摸索，路的盡頭總會出現一線光芒。
- 人生充滿了未知，無助與脆弱都是人生的一部分，也是走向未來的一種過程。

《紙牌的祕密》喬斯坦．賈德著

- 儘管有時我們會覺得自己渺小瑣碎，但是，切莫忘記，在這個世界上，我們曾是一個潔淨無塵、心如明鏡的赤子。

《偷書賊》馬格斯．朱薩克著

- 那些靈魂總是輕盈，因為他們所付出的已經超過自己的人生，他們的生命已經找到更有意義的所在。

每堂課都在打瞌睡的孩子
——談偏見

幾個同學偷偷竄到我身邊，對我說：「老師，小心，他們家是混幫派的。」

愛因斯坦說：「每個人都是天才，但如果你以爬樹能力來評斷一隻魚，牠將一輩子相信自己是個笨蛋。」

天天闖禍的孩子

「老師，○○作業沒寫……」

「老師，〇〇沒有打掃……」

「老師，〇〇罵同學髒話……」

「老師，〇〇把玻璃打破了……」

「老師，〇〇把垃圾桶踢飛了……」

第一次與他接觸的感覺，真的很不好。除了其他孩子對他的抱怨之外，當全班都沉浸在課室學習的氛圍中時，那個孩子幾乎都在打瞌睡，甚至，連頭也沒抬過一次。

剛「出道」成為鮮師的我，被這種輕蔑的態度，刺得渾身不自在，而福祿貝爾的「教育之道無他，唯愛與榜樣而已。」在我心裡轟轟作響。

我告訴自己，我要挽救這個孩子的求知欲。

年輕的我，熱情多過於膽怯。**我開始土法煉鋼，從每天觀察他的一舉一動開始，試圖想找出孩子行為的端倪**。

但沒有仔細做紀錄還好，沒想到，一觀察下去，這孩子的惡形惡狀，簡直是罄竹難書……

這孩子在成長的過程中，是受到何種環境或是家人的影響？還是哪個教育的環節出了差錯？他怎麼會天天闖禍？他桀驁不馴到很難替他平反，或是找到理由來喜歡他，他還有令人感動的善良特質嗎？

與孩子的對峙

那天，他在打掃時間，又和同學起衝突。

他生氣地把班上的壁報紙撕毀，讓井然有序的教室，頓時陷入滿目瘡痍的窘狀。

「老師，○○……」幾個告狀的學生話還沒說完，我就氣急敗壞地衝到教室。

我拎著他的制服衣領走到走廊，試圖展現菜鳥老師的威嚴。

「我忍你很久了，你不要踩我的底線，更不要天天要我盯著你……」

那孩子瘦瘦小小的身軀，臉色蒼白、無血色，但他的眼神卻有說不出的銳利，好像能一眼把我看穿似的。

其他同學看出我的臉色不甚愉快，偷偷竄到我身邊說：「老師，小心，他們家是混幫派的。」

第一次被「混幫派」三個字震懾得心跳加速，我腦海中浮現出許多古惑仔打鬥的畫面。

不會吧！我需要觀察那孩子身上是否有刺青？跟蹤他放學後會去哪裡？父母的背景是什麼？要不要去家訪？

忐忑與心虛，還有不知所措的情緒湧上心頭。

「你先回去，不要以為我放過你了，等我明天……」

說起狠話的我，結結巴巴，惹來他更冷峻地訕笑：「隨便你，我沒時間理你這樣的卒仔……」

他頭也不回地消失在走廊轉角，連書包也沒拿就離開學校，走出校門。

一個老師的懺悔

從小，我就是溫和的孩子，從不惹麻煩，但怎麼才當上老師，就碰上這麼難纏的孩子。我對自己信心喊話，沒有我做不到的，他就只是個小屁孩而已。但是，直覺上，這小孩看起來好兇狠，是個很難解救的惡魔。

當這樣不友善的念頭升起，卻被另一個聲響擊潰：「每個人生而平等！一個平等的社會，對孩子來說才是最好的環境。」

到底是在哪一本書讀過這些句子的……

「《窗邊的小荳荳》……」我驚喊了起來。

當年，我多麼羨慕巴氏學園的小荳荳，生命有個願意傾聽她說話的校長，有個相信她是個好孩子的校長。他願意給被退學的孩子一個重新學習的機會，也讓巴氏學園的學生都相信自己是獨一無二的，學習是快樂無比的……

徹夜難眠的夜裡，我想通許多事情。當一位老師對著被宣判無藥可救的學生說出：「你真是一個好孩子」時，他的心帶有多大的包容、理解與關懷。

而我卻從來沒有問過○○：「你最喜歡做什麼呢？」也沒有給過他機會，好好地詢問他：「你想說什麼呢？全部都告訴我吧！我願意聽……」

是眾聲喧譁蒙蔽了我的心，讓我忘記自己是孩子生命的貴人，我用自己的偏見輕易否定一個孩子的無限可能。只因為我被他過往輝煌的紀錄抑或是家庭背景震撼到忘記。

我為何而教？為何而來？我為什麼要當老師？

找不到孩子的家

慚愧的心，懺悔的情，讓我想到他曾坐在窗邊發楞的模樣，是孤單，是愁緒，是難言之隱，還是迷離的絕望……

我被這樣的愧疚鞭笞著良知，我等不到天亮，真的好想和他好好地道個歉，希望他可以給我一個贖罪的機會。

只可惜，上天彷彿給了我一個很大的懲罰：那天他曠課了，也沒到學校……

我向學校請了幾個小時的假，按圖索驥地找到他家的住址。我像被下了魔咒的封印，我怎樣也找不到孩子家的住址，直到好心人的引導，我得以按上幾次電鈴。尷尬的是，叮叮作響的鈴聲，換來無人應答的決絕。

我在心中大喊著：我知道自己錯了，老天爺，可以給我一個機會嗎？

那天晚上，再度陷入忐忑的失眠，幾次半夢半醒之間，感覺到自己被不知名的怪物追趕著，在暗夜中胡亂奔跑，找不到回家的方向和目標……

隔日帶著黑眼圈上班的我，心情一直很沉悶，上起課來也心不在焉的。

令人心疼的一番話

「怡慧老師，外找……」下課鐘一響，同事跑到課室用眼神示意我，來者不善……

「我是○○的哥哥，聽說你對我弟弟有意見，現在是怎樣……」

說話的男孩口吻與○○十分神似，不友善又睥睨的眼神，讓自己有點喘不過氣來。

猛然間，我想起《窗邊的小荳荳》的情節，一間滿載著愛與希望的電車教室，讓一位被學校退貨的小女孩，幸運地發現自己是獨一無二的人，因為校長賞識的眼光，讓她從絕望的深淵被救贖而起。

現在的我，該做什麼決定與發言？

「哥哥，對不起，我不知道○○需要我幫忙什麼。你可以說一說你的弟弟是一個怎樣的孩子嗎？他有什麼優點？還有他曾遇到什麼挫折？你願意告訴我嗎？因為我對○○一無所知，麻煩你幫助我……我知道，過去我做得並不好。你可以幫我嗎？」

誠懇地說完，真心地向他鞠個躬，有種無力的感覺，讓我的眼淚在眼眶打轉。○○的哥哥沉默許久，與我對望的眼神柔和起來：「我不了解○○需要什麼，但是他是個很乖的弟弟，每天都幫忙爸爸賣雞排，賣到很晚。有人看不起我老爸，他就會替他出頭。他的個性是衝動了點，但是，小學一、二年級都考第一名，後來才慢慢變成現在這樣。他可以讀書，是環境逼得他不能讀書，但他絕對不是壞孩子……」

在○○哥哥驕傲的神情中，仍透露著心疼的眸光。

遞上破冰的禮物

「可以幫我傳個話嗎？希望○○可以讓我繼續當他的老師嗎？還有，再等我一下……」我急忙跑去案頭拿出《窗邊的小荳荳》，請○○的哥哥幫我送給他，當作我們關係破冰的禮物。

「有些地方，我有畫線、貼標籤，可以提醒○○看一下嗎？」我請求似地說著。

「老師，加油，我弟弟應該不是別人眼中的那種人，請你好好教他。我對你和弟弟有信心。」

哥哥外表看起來很兇，但內心是柔軟無比的人。

我對哥哥說：「我在書上反覆標註著：『你真的是個好孩子！』請你替我向○○傳達我

的心意。」

後來，孩子來上學了，**每天似乎都願意多和我說一點他的故事**。

原來，他的數學一向不錯，是個有邏輯、思辨能力的人。他討厭反覆背誦的科目，就像國文……

他的笑容愈來愈多，話也愈來愈多，甚至，告訴我，他不會放棄讀書，未來會申請建教合作的升學模式。他可以半工半讀，讓自己有能力養活自己……

孩子，請勇敢地做自己吧！在老師心目中，你永遠是最棒的，也是值得被我好好愛著、認真疼著的寶貝！

一如《窗邊的小荳荳》提到：「不要硬把孩子塞進老師設計好的模式中，要讓他們在自然的環境中無拘無束。因為孩子們的夢想遠比老師的計畫更偉大。」

一個老師的責任和使命就是努力地讓孩子找到自己喜歡的樣子。

畢業那天，他學著小荳荳的口吻告訴我：「開心得不得了，不得了的開心，為什麼開心……」

是孩子真誠的包容，讓我得以被原諒，讓初出茅廬的我跳脫世俗觀點，不再用自以為是的評價傷害學生的天賦。我要讓班上的孩子能好好地上學，不再恐懼學習。

每當我看不到方向的時候，就想起坐在○○窗邊的模樣，空氣瀰漫著甜甜的氣味，因為你的改變，讓我為擔任教師的人生，贏來意想不到溫暖的曙光。

謝謝你，讓我在成為老師後，才懂得如何好好地當一個好老師。

閱讀，療癒了我們（十八）

《窗邊的小荳荳》黑柳徹子著

- 每個孩子天生就是一個天使，只是慢慢被世俗所污染。
- 怎樣才能使孩子與生俱來的素質不被周圍的大人們損害，而讓這些難得的素質得以發揚光大。
- 過於依賴文字和語言的現代教育，恐怕會使孩子們用心去感受自然、傾聽神靈之聲、觸摸靈感的能力漸漸衰退。

《少年小樹之歌》佛瑞斯特．卡特著

- 當體察內在的心開始萌芽，而你也愈常試著去了解別人，你的精神心靈就會愈強大了。

《最後14堂星期二的課》米奇．艾爾邦著

- 有時你不能相信眼前所見，你必須相信自己的感覺。如果你想要別人信任你，你要先感覺自己能相信別人。
- 接受了反感之後，我對好感就有更多的領會了。
- 這麼看問題吧：你之所以是一個脾氣壞的人，或別的什麼樣子的人，那是因為你在扮演這樣的角色，你若扮演一個心地善良的、寬宏慷慨的人，你最終會成為這樣的一個人。

part3

這些書、這些溫暖，讓我們有力量走下去

動不動就哭的敏感女孩

——談自我

「不能因為我和別人不一樣，就叫我怪咖。同學每次都這樣叫我，其實我也會難過。」女孩說著。

「你動不動就哭，是在演哪一齣呀？」

「只是考不及格，就愁眉苦臉，也太扯了吧！」

「分組討論，就搞自閉，是要怎麼配合她啦！」

同學左一句做作，右一句幼稚。我腦海中浮現的女孩，模樣怯生生，有著一顆玻璃心，是個氣質與眾不同，充滿藝文想像的孩子。該不會是高敏感族的孩子吧！

美國精神分析學者伊蓮‧艾融博士（Dr. Elaine Aron）在一九九六年所提出的觀察，高敏感族待在刺激太多的環境就想逃離，對於短時間要應付很多事感到煩躁，很容易被別人的情緒影響，不喜歡犯錯、容易自責等等。

這些指標和女孩追求完美，容易考慮太多，好像很符合。

同學眼中的怪咖女孩

正當思考之際，同學驚慌地跑來：

「老師，○○躲在廁所哭。都已經上課了，她還不出來。」

「直接登記她曠課啦，每次都這樣，好像大家都欺負她……」

「每次都求奶奶告爺爺的，她的心情才會變好，很累耶……」

同學開始發牢騷，女孩卻默默地走到我的辦公室來。

同學一回身望見她，個個噤若寒蟬，靜靜地找機會兀自離開。

「不能因為我和別人不一樣，就叫我怪咖。同學每次都這樣叫我，其實我也會難過。」

女孩直搗黃龍似地說著。

「○○，青春期的孩子總是直來直往，故意和別人唱反調，偶爾挑釁別人或酸言酸語的，製造一些衝突，讓人討厭，讓人憂慮，想要引起別人的注意。但老師發現，你很成熟，很會替別人著想，不過，體貼的人肩上倒是會扛不少無形的壓力。」我拍拍她的手心說。

「老師，發生在我身上的遭遇，常常是山窮水盡時的偶然，卻也給我另一種思維的開闊，只是我有時候也會鑽牛角尖。老師也看《少年小樹之歌》嗎？」女孩望見我案頭的書，喜出望外地問。

「我很喜歡這種自傳體的小說，就像是向過去的自己對話，回望生命系譜。我常憑藉書寫探詢過去，變得更了解自己，悅納自己。**你有嘗試用書寫來療癒容易受傷的靈魂嗎？**」

「老師，你怎麼知道我有容易受傷的靈魂？我發現自己內心藏了好多祕密，不知要說給誰聽？偶爾，會感覺自己的存在，可有可無。」

讓女孩上台分享《少年小樹之歌》

高敏感的性格，又是隔代教養的孩子，的確要費心地與之對話，讓她的負能量轉移到她的天賦專長上才行。

「下次讀書會，我想讓你當讀書會領導人，就分享《少年小樹之歌》，好嗎？」我把書交給她。

「老師，我擔心，我做不好，可以不要嗎？」女孩細聲地問。

「機會是不等人的，你要放棄嗎？尤其，**用你最喜歡的一本書讓同學更認識你，又能行**

銷好書，讓更多人認識它、喜歡它。甚至這本書有可能讓你交到更多朋友也不一定。」我打定主意地說。

女孩神色憂鬱地答應了，我知道像她這種性格的孩子是不會拒絕別人的。

或許，這是她更誠實、自由、勇敢地面對自我的契機，但我真能靠著一本書讓孩子谷底翻身嗎？

「老師，你看一下我做的簡報。我放了書訊，摘錄了名言，還有一些可以閱讀與討論的方向，順便也提供相關延伸的讀本。你覺得可以嗎？」

「你的簡報已有TED的雛形，科技、設計、娛樂三者兼具。你的簡報能力，太讓人驚豔，太強大了。」我真心地誇獎她。

「老師，你也太美言我了。我只是昨天做到三點多而已……」女孩羞澀地說。

「三點多？做太晚了吧，以後別……」我緊張地說。

「老師別誤會，我是因為內心有很多想法，所以就一路做下去，不知不覺就凌晨三點多，我不是在邀功，也不是在抱怨。」女孩急著解釋。

「我明白，只是覺得你是年輕版的我，我在你身上看見自己的小時候……」我真誠地分享。

讓女孩說出自己的優點

「你試著和老師聊一聊自己個性上的優點，你說一個，我說一個。」

「我可以同理別人的喜怒哀樂，想像力很豐富。」女孩說。

「哈，你多說一個，很搶詞耶。我做事謹慎小心，多方考慮。」我接著回答。

「我可以享受孤獨，沒有人的時候，也很自在。」女孩再說。

「我可以打開五感，自然和萬物溝通。我的思考很天馬行空，也很有責任感。」

女孩突然搶先地又說兩個。

我幽默地調侃他：「你又把我的台詞說完了。現在，我只能試著說出自己個性上的缺點。」

「對自我要求很高，卻常常達不到。」我說。

「害怕犯錯，讓別人討厭自己。」女孩小聲地說。

「面對未知，容易有恐懼、憂鬱的情緒。」我再說。

「無法面對失敗帶來的負面浪潮。」女孩低下頭說。

「**看來，我們的優點不少，但要修練的地方也不少。那就一起努力變好**，如何？在人生的旅程中，我們都會邂逅很多的人、事、物。成功是智慧的積累，失敗也是經驗的傳遞，只要把持正向態度，我們就能化險為夷，得到別人幫助。我們不可能樣樣俱美，事事擅長。」

我忍不住抱住她，希望給她一點鼓勵。

「我一直記得喜多川泰說的：『人生的成敗決定在你結識了什麼樣的人。』這個人不一定是名人或精英，萍水相逢也會成為改變人生的轉機。你是老師生命的貴人，老師期待自己也能在你的生命有些不同的意義，好嗎？」

「老師……謝謝你。你讓我對自己有不同的看法。我要學著欣賞自己，喜歡自己，放大自己的優點。找時間修練自己的缺點，慢慢變得更好。」女孩也回抱住我，溫暖地說著。

孩子說的話，讓我想起伊麗絲・桑德（Ilse Sand），她曾這樣溫柔地對高敏感者（HSP）說：「請享受自己獨有的能力，真正地做自己。」

人生行旅至今，我慢慢地找到自己的模樣，也享受工作帶來的成就感與孤獨的快樂！我開始期待由女孩主導的讀書會。

讓人震撼的動人結語

那天是個秋日涼颯的午後，女孩做了精采的分享，讓同學從西雅圖酋長之語思考種族的議題。

您怎麼能夠買賣穹蒼與土地的溫馨？

多奇怪的想法啊！

假如我們並不擁有空氣的清新與流水的光彩，

您怎能買下它們呢？

接著，她敞開心胸地談《少年小樹之歌》的主角有著印第安人的血脈，十分新穎、有創意地讓同學認識印第安人與美國歷史的連結，也說明作者在二十一個章節中，細膩又精準地鋪陳自己的教育計畫，甚至把一九三〇年代面對經濟蕭條，人們的生活景況自然呈現，她告訴同學，這是一本記錄你我心中對人性之善的追尋，還有成長的軌跡，與似曾相識的知己。

最後的結語，讓大家都震撼。

「我和作者的成長經驗一樣，從小和爺爺奶奶一起住，他住在美國東部查拉幾山區，我住在新北市新莊區；他是印第安少年，我是台灣之子，我們都面臨雙親相繼過世，和爺爺奶奶共住的人生。**以前，我羨慕別人有爸爸媽媽，現在我珍惜自己和小樹一樣，有愛我的爺爺奶奶。我要愛我的遭遇，我所擁有的一切，包括你們。**」

這樣的自我剖析，與書自然結合，生命情境的侃侃而談，不扭捏地讓我們的心都翻起了奔騰的情緒浪潮。

佛瑞斯特・卡特說：「如果你不知道過去，你就不會擁有未來。如果你不了解你的族人過去的遭遇，你也不會知道他們將何去何從。」身為台灣之子，我們理解台灣的過去、現在、未來？我們知道讀書的意義？存在於世的真正價值？她的提問，讓我們都有了很深的自省。

最後，她輕聲地朗讀了一段：

「小樹兒，我必須走了。就像你能感覺到樹木們的心聲一樣，當你在傾聽的時候，你也能感覺到我和爺爺。我們會在那兒等著你。我相信我的來生將會更美妙，別擔心我。奶奶留。」

「謝謝老師，謝謝同學，給我一個機會，讓我盡情地做自己，過去給大家惹了不少麻煩，老師說：『我們都是少數的ＨＳＰ一族。』希望你們喜歡這樣的我，個性高敏感，卻能同理你們的內心情緒，雖然膽小無能，卻願意和你們一起打造學校生活的夢想之旅。」

全班幾乎在她感性又動人的音韻中，感受一段生命的憂愁與浪漫。

美麗的閱讀課

那個女孩打開我們沉睡已久的靈犀，讓我們走進以「自然」為師為友的浩翰世界。廣袤的大山大海，小樹小花，晨曦雲彩，盡情地探索，就能找到人類和自然的真正平衡。

尋回赤子之心，返璞歸真的力量，我們從自然而來，最後也將回歸自然，死亡只是另一個新生命的開始。

「我曾經拚命往沒有人的地方躲，卻貪心地渴望有人注意到我的微亮，給予我一點掌聲。謝謝你們願意留在我的身邊，聽我的喃喃自語，謝謝你們許我一個美麗的閱讀課。最後，我把這句話獻給老師和我愛的同學們：

當你發現美的事物時，你所要做的第一件事，就是把它分享給任何一個你遇見的人，這樣美好的事物才會在這個世界自由地散播開來。」

不少同學替她鼓掌喝采，不少同學默默落淚，不少同學和我一樣，看見一個堅強的靈魂自此站立而起，開始有自信地翱翔在未來的天空中，做自己、愛自己。

是奇蹟吧！透過閱讀的等待，孩子的心開出一朵絕美的花，香遠益清，令人陶然。很棒的一堂讀書會，隱身為配角的我，在絕望的灰燼中，窺見文字觀照執著的我們，療癒癡心的自己。

閱讀，療癒了我們（十九）

《少年小樹之歌》佛瑞斯特．卡特著

• 精神心靈就像我們身上的肌肉，你常用它，它就會愈來愈強壯。而唯一可以鍛鍊精神心靈的方法，

就是運用它來體會事物的內在。但是你必須先擺脫貪婪，還有其他肉體心靈的束縛。這樣當體察內在的心開始萌芽，而你也愈常試著去了解別人，你的精神心靈就會愈強大了。

• 爺爺顴骨上的皺紋在火光的掩映下，如同風化的岩石上一道道深邃的刻痕。他的雙眼凝視著火堆，漆黑的眼神燃燒著，不是像火炬般熊熊熾人，只是如將熄滅的灰燼般散發著無形的熱力。

《從謊言開始的旅程——熊本少年一個人的東京修業旅行》喜多川泰著

• 讓你覺得舒服自在的地方，並不是因為周圍人為你做了什麼，而是因為你能為周圍人做什麼。

• 你的人生屬於你自己。發生的一切你都必須自己扛起責任。不管你面對的是大人，還是老師，若是想靠言聽計從，而得到想要的東西，你就失去了自己。然後，你就會把因此發生的事怪罪到別人身上，而不會反省自己，懂嗎？

「他不好動，他是我的學生。」

——談理解差異

他用頭狠狠地撞向牆面，發出一聲漫天巨響，嚇壞在場的學生，我趕緊狂奔到他身邊抱住他。

正當同學振筆疾書地寫著考卷時，男孩開始左顧右盼起來，一下說要上廁所，一下說要丟垃圾，一下想去保健室。

偶爾在極短暫的安靜之後，他索性哼起歌來，接著，自顧自地大聲地笑了起來。

我靜靜地觀察著這個孩子，第六感告訴我，他可能是有ADHD（注意力不足過動症）傾向的孩子。

只是，班上的同學都知道他的狀況，也明白如何好好地和他相處了嗎？

孩子們紛紛告狀

那天放學，孩子們擠在講台邊。

「老師，他會在上課發出聲音，很吵，很煩。」

「老師，我可以不要和他同一組嗎？他都不寫作業。」

「老師，我不喜歡他，他總是動來動去，影響我上課。」

「老師，我可以不要和他坐在一起嗎？他都會用手打我。」

孩子們在下課時，跑到我身邊，開始告起狀來。

我知道，孩子們都沒有惡意，在他們的世界中，安靜下來，抑或是專心坐好，這是很容易達成的指令。

但是，他們不知道，**這樣簡單的事對於他而言，如登天之難**。

「〇〇，是我們的同學。只要是同學，就注定要一起生活，一起在這個教室同甘共苦。我們相互包容、體諒，接受對方的不完美，我們說了那麼多〇〇的缺點，難道自己就完美無缺？有沒有認真思考過，自己這麼做、這麼說，會不會失去了當同學的義氣？我們根本就沒有付出，就急著評價別人。我們都沒有關心過他，就亂貼標籤。將心比心，你希望別人這樣對你嗎？老師只希望，每個人都可以跳自己的舞、唱自己的歌。我也想讓他可以快樂地跳自己的舞，唱自己的歌，好嗎？」

「反正，他就是怪咖，我就是不喜歡他……老師不要勉強我喜歡他……」

當男孩說出無心的情緒字眼時，那個孩子突然走進教室來。

撞痛我的心扉

當我的眼神與他相遇，彷彿望見深邃的哀傷。

幾次想破冰的時機，都被他忽近忽遠的身影打壞了節奏。

突然，我看見他倏地轉身撞向冰冷的牆壁。這一撞，撞痛了他的身體，也撞痛我的心扉。

「不要碰我，不要碰我，我討厭你。我討厭你。我討厭你們……」

男孩連喊了三、四次討厭我，討厭我們，足見情緒陷入很大的波動。

我只能緊緊地抱住他，擔心他再向牆壁撞去，也揮手示意要同學先回家。

「對不起，對不起，對不起……你聽老師說，他們沒有惡意，他們現在還不懂你的特別，不明白你的好。你再給老師一個機會，再給同學一點時間，對不起，對不起，老師很愛你，同學也是。你千萬不要被他們的玩笑話影響了，好不好？你知道，老師也是平凡人，也會和你一樣犯錯。你犯錯的時候，會不會希望別人原諒我們？拜託，拜託，不要生氣了，也別再這樣了，老師會傷心。」

說著說著，不知道為何，心真的好酸，也好痛。

內心溫柔的男孩，抬起頭，摸了摸我的頭，彷彿聽懂我的懺悔。他的情緒也慢慢平靜起來。

「老師，我今天還沒有吃藥，可以給我水嗎？」他的語氣中聽得出有放心的信任。吃藥。所以，我猜得沒錯，孩子真的生病了。

那天，我陪著他散步回家。夕陽把我們的身影拉得長長的，身影也燦亮亮的。

如何讓孩子們明瞭，男孩是一份禮物？

當晚，我和他的媽媽長談了一段時間。

「從小，他總是動來動去，像毛毛蟲，靜不下來。起初，還以為他比較活潑好動。到了幼稚園，老師告訴我們，他好像無法乖乖地安靜坐著，對於學習好像也無法專注，尤其，很常會放空，發呆，進入自己的世界。

「加上，每個晚上都像在打仗，一小段的作業，他可以從黃昏寫到半夜，總是磨蹭，無法有所進展，知識的累積速度很慢，很多東西都裝不進腦子裡……後來被醫生診斷為他是ＡＤＨＤ的小孩。」

「謝謝你告訴我這些，其實當老師的人最常說：『坐好，專心，不說話……』當他聽到這些話語時，是不安或是害怕？」我心虛地問著。

「麻煩老師，讓其他的孩子們，可以真心地接納他。**他不是故意要這樣的……**」母親泫然欲泣的模樣，讓我也傷感起來。

我該怎麼做，才能讓大家能明白，能與○○一起學習是上天送給我們的禮物，也是生命莫大的學習與幸福？

這次我賭的不是金錢，是全然的感情。而且，一次梭哈，輸了，就一無所有。

那個晚上，我陷入很長很長的思考，內心不太能平靜下來。

即便我愛他，也不能無知地愛著，我們之間有著很大的鴻溝，必須要能跨越，才有機會，實質地讓他感覺上學是件幸福的事，也讓同學能自然地與之相處，為他們連結一個愉快的學習經驗。

只是，課室大部分的時間，都是高密度學習的氛圍，他會不會受不了壓力？

男孩的心應該也很痛苦呀，畢竟我們制定的規矩，總是框住著他的自由，他會不會又想逃？

每個人都該是一棵會開花的樹

我想起大江健三郎說的：在這山谷間的每個人，都有一棵「自己的樹」，生長在森林的高處。人的靈魂從這棵「自己的樹」的底部（也就是樹根處）降落到這山谷間，進入人的身體裡。

我應該讓他活得更自由些，每個人都該是一棵會開花的樹，隨風搖擺他的姿態。

隔天，特教老師很溫馨地提醒我：「輔導課的時間，我會來進行班級的輔導，只要我們多給予支持和耐心，一視同仁的對待他，不讓他被標籤化，抗拒上學就好。

「其他的，就是靠機會教育，當他有好表現，就好好讚美。當他看起來像搗蛋時，很可能是情緒壓力引發的身心問題。**只要不隨便拿他們跟其他孩子比較，或是輕易說出：你再這樣，我就不喜歡你、不要你了，這樣就好**。

「其他的，怡慧就不要過於擔心或是焦慮了。童年時期的前英國首相邱吉爾、現代企業名人比爾‧蓋茲、運動明星麥可‧喬丹、作曲家莫札特、發明家愛迪生、藝術家達文西，也都有過動症。因為他們有用不完的活力，如脫韁野馬的創思。如果好好地引導他們，依然能發揮專長，表現出色。」

特教老師的一番話猶如醍醐灌頂，我發現，只要自然就好，男孩的表現也變得自在。孩子們也都有顆善良溫暖的心扉，願意等待他，讓他能更無拘無束地做自己。

男孩特別喜歡上新詩課的時間，他的想像總是很跳脫，思考也很多變，讓每句詩的想像空間變得很開闊，同學都驚豔他的說法，並報以熱情的掌聲。

下課時，陪男孩讀詩

因此，我開始在下課時間陪著他讀詩。感知到詩人果真為他的人生提一盞燈，一如鄭愁予〈野店〉：「是誰傳下這詩人的行業，黃昏裡掛起一盞燈。」

男孩尤愛夏宇〈在陣雨之間〉：

我正孤獨通過自己行星上的曠野我正
孤獨通過自己行星上的曠野我正孤獨
通過自己行星上的曠野我正孤獨通過
自己行星上的曠野我正孤獨通過自己
行星上的曠野我正孤獨通過自己行星
上的曠野
正孤獨
我正孤獨通過

男孩眼睛閃閃發亮

這樣極致有特色的句子與排列，讓他每次讀，都表現出喜歡的神情，喜歡讀到心坎中，眼睛還會閃閃發亮。

大量的詩歌，開始盈滿他的性靈。他的眼神散發出極度專注的彩光，**同學發現他有一顆詩人敏銳善感的心，很多文創品或是創意標語都請他協助幫忙。他的作品被同學們張貼在布告欄，也被同學們不斷地稱頌、寫詩、唱著詩歌，讓他建立學習的自信心。**

偶爾，當他寫錯文字順序時，同學反而解讀為是另一種詩人的繆思。讀者的誤讀，倒像是為他的詩境增色。

我也喜歡他寫詩的方式，那樣素樸，沒有受到汙染，甚至，能拼寫出跳脫同年齡框架的純真與靈犀。

孤獨讓他成為創作者，愛讓他成為溫情者。我們不需要孩子為冰冷的課堂殉道，而是敞開陽光的窗扉，等待每個孩子的回歸。

閱讀，療癒了我們（二十）

〈未竟之路〉佛洛斯特著

黃樹林中兩條路，可惜我不能都踏行，

孤獨的旅人我，久久佇立在分岔路，
極目遠眺路的盡頭，消失在林中深處。
於是我孑然地踏上第二條路，
這路也許更值得我選擇，
因為它荒草叢生，漫無人跡，
雖然若論過往人蹤，兩條路相差無幾。
那天早晨兩條路都滿鋪落葉，
沒有被踩踏的痕跡。
喔，我把另一條路留給未來！
明知一條路接著一條路，
我不知是否能再回來。
於是許多許多年後，在某處，
我將帶著嘆息輕輕低訴：
黃樹林中有兩條路，我選擇了罕無人跡的那一條，
而一切，因此有所不同。

〈請你記住〉阿爾弗里・繆塞著

請你記住，當惶惑的黎明
迎著陽光打開了它迷人的宮殿；
請你記住，當沉思的黑夜
在它銀色的紗幕下悄然流逝；
當你的心跳著回答歡樂的召喚，
當陰影請你沉入黃昏的夢幻，
你聽，在森林深處，
有一個聲音在悄聲低語：
請你記住。

〈有鹿〉許悔之著

天空持續燃放著
無聲的花火
我們停步
牽著手

療癒26顆破碎的心

怡慧老師的閱讀課

於彼大澤

和一隻鹿對望

良久

有鹿

有鹿哀愁

食野之百合

拒學的高一男孩

——談與父母溝通

我對男孩說：「我知道，你很生氣，大人的專制決定了你的人生，你想對自己的人生誠實，我們卻不給你機會……」

我真心明白那種萬念俱灰的感覺，也能理解一個十六歲孩子不被世界接受的孤獨。

「好不容易考上了，他卻天天喊著要轉學……」

「除了英語課才會醒著，因為老師長得漂亮……」

「上課只會狂滑手機，從不聽課，真不懂他在想什麼……」

面對父母的抱怨，這孩子告訴大家，本來好想讀高職，不用再天天面對國、英、數的折磨，但卻在最後一刻，在父母的經濟制裁下妥協了。

他無心上學，因為與他的興趣不符合。

努力與男孩家長溝通

家長日時，我與他的父母談轉學、重考的選項。

我提到男孩開始封閉自己，不但只跟幾位同學說話，在上課時，也幾乎沒有學習動機，甚至高度依賴手機，天天滑滑滑，好像任何事情都無法提振他的興趣，就像無心的稻草人。

我對男孩的父母說，他們的孩子其實很喜歡機械類科，也很有天賦，可以動手實做，但現在卻要被綁在教室裡聽課，換成是我，我也會覺得是一種折磨。

只是，他的父母聽完我的話，態度卻更決絕，一副孩子叛逆就是要壓制下來，否則，自我意識高漲後，就無法管教小孩了。

最後，男孩父母甚至有些火大地說，他們絕對比我更了解如何教養自己的孩子。

冰山以下真正的問題

家長日之後，男孩得不到家人友善的回應，行為似乎愈來愈乖張，甚至走向偏鋒，他心情不好就嗆人，出言不遜到不管眼前的人到底是誰。

其實，不愛上課，只是冰山的一角。我擔心的是，冰山以下真正的問題。如果高一就開始產生輕微拒學的情況，那麼，未來兩年多的學校生活，他要如何度過，我又該怎麼幫他。

「我們可以聊一聊嗎？」下課時，我問了他。

「從早上到現在，我被五個人約談了，不缺你一個，快說吧……」

我還沒說話，男孩就把眼睛閉上，大剌剌地展現拒我於千里之外的表情。

「我不是想找你說話，是圖書館的電腦壞了，想請你去修理。我知道，你是專業的，又臨時找不到人幫忙，想請你……」我繞個圈說。

「有錢嗎？我不隨便做事的。非親非故，我沒必要幫你。」男孩也繞個圈子拒絕我。

「一個人就算是走錯的路，也是可以回頭的。在錯誤的旅程中，悲傷是一種選擇；自暴自棄也是一種選擇；享受過程更是一種選擇。

「我知道，你很生氣，大人的專制決定了你的人生，你想對自己的人生誠實，我們卻不給你機會，甚至，斷絕你做夢，探尋未來的機會。我知道，你很生氣，但**生氣代表你還在意自己的感覺，你還想為自己的未來盡力，所以，生氣吧！**」

我真心明白那種萬念俱灰的感覺，也能理解一個十六歲孩子不被世界接受的孤獨。

「老師，我要轉學，你可以幫我嗎？」

男孩說話時，給我一種自溺前，企圖求援的乞憐。

「我可以嗎？我能幫你什麼？」我有些慌亂地說。

男孩看著我，卻又突然不屑地說：「算我病急亂投醫，看來我找錯人了，你只是愛說好聽話，根本是在敷衍我。」

讓男孩真正面對自己的問題

「你要不要請假出去走走？用正常的請假程序，讓自己離開學校的牢籠，找個地方好好去想想。**想想轉學之後，你要如何安排自己的生活，如何重新開始人生，如何找到人生的方向。如何說服身邊的人接受你的選擇……**雖然我的主意，不一定是好的，卻是真誠的。我很願意幫忙，我想找出最好的方式支持你。

「你不是怪咖，是我們功利的眼光，把你變成這樣，真的很抱歉。我想當個聽懂孩子需求的老師，請給我一個機會……」

我期待傳遞出信任的溫暖，然後把困在泥淖的他，用力拉起來。當然，孩子還是得靠自己，才能突破困境。

「我其實很害怕，自己給的意見是對，還是錯，是在幫你，還是在害你，但我是真心想幫忙。」我有些羞赧地自白著。

「老師，坐在教室聽課，真的很像在坐牢。我不喜歡這樣的學習方式，我可以轉學嗎？我真的很想轉學。」

男孩直視遠方，有種迷離的失落。

「可以，可以。別讓台灣少一個創客，我們需要一個有靈魂的學習者。去做自己吧，**雖然說服自己的父母，不是一件容易的事。**

「而且，他們的出發點，常常僅是複製自己成功經驗的思考，不過，他們的做法，不全然都是想禁錮你。有時候，他們會以為你在逃避，你怕吃苦，所以，他們必須要扮黑臉鍛鍊你。**你必須用吃苦耐勞的毅力來證明自己有能力能選擇自己想要的人生。**」我認真地說著。

不愛念書，不代表人生皆輸

「你是第一個叫我轉學的人。你也不喜歡這間學校？」男孩吃驚地問。

「不是的，我很愛這間學校，對它有很深的感情，甚至，深深依戀它，離不開它，以它為榮。但是，馬祥原的故事改變我。不愛念書，不代表人生皆輸。一個放牛班的孩子，卻能用一萬個小時的練習，打造世界鈑金雙冠軍的傳奇。對於自己喜歡的事，能自我要求，把一件事情做到極致，不容許有零點一釐米的誤差，這就是專業與熱情的展現。**學校沒有好壞，只有適不適合。只要你願意學，就能學得快樂，找到方向。**去你喜歡的地方吧。」

這是第一次，我無能為力把孩子留在我喜歡的校園，我的內心也是百感交集。

「老師，馬祥原《0.1釐米的專注》可以借我拿回去給爸媽看嗎？其實，我對於機械手作是有耐心和興趣的。我雖然沒有把握會變成馬祥原那麼出色的人，但是我有把握在自己喜歡的事情上，憑藉意志力去發揮職人精神，全力以赴，不讓你失望。」

男孩的眼神閃爍著對未來嚮往的光。

「用這樣的信念去和父母溝通，老師相信你會成功的。你先回去上課，如果你談判成功，這會是你在丹鳳最後的幾堂課了。我會想念你的。」

我拍了拍他的肩膀，為他打氣。

男孩如願轉到他最愛的學科

漫漫時光，茫茫人海，我遇見了男孩，他的拒學也讓我明白：**沒有孩子不願意學習，端看我們給他什麼環境，讓他開展天賦**。就像愛因斯坦說的：「每個人都是天才。但如果你用爬樹的能力評斷一條魚，牠將終其一生覺得自己是個笨蛋。」

不久後，男孩跟著父親來辦轉學了。

他告訴我，自己要轉到一所有機械科的職業學校。

同學們的送別會辦得很溫馨，幾度讓堅強的他，流下了男兒淚。

「有人說過，再深的記憶，也有淡忘的一天。該放棄的絕不挽留，該珍惜的絕不放手。這是艾蜜莉．狄金生《我居住在可能裏》的詩集。未來，心若是漂泊了，找不到方向的時候，就讀一讀吧。一個離群索居，留給讀者一片詩的森林的女詩人，一生都在思考與探索愛、死亡、喜悅、悲傷、自然、生命、人性、神、永恆的議題，即便不被主流矚目或支持，從未懷疑自己。我們都要勇敢做自己，讓堅強的靈魂支持著我們美夢成真。」

孩子手上拿著我手抄的詩句和書，很恭謹地向我道別：「老師，你也要好好的，努力當個閱讀傳教士，我們都要成功喔！」

我和孩子各有各的憧憬。在相遇時，交疊綻放閱讀之光；道別時，也不讓美好的閱讀剎那殞落。深深淺淺的緣分，都是師生同行的溫柔，願我們現在所追尋的，都會是未來生命最重要的選擇。

我在心中默念著艾蜜莉的詩，作為孩子臨別的祝福：

心！我們要忘記他！
你和我——就在今夜！
你務必忘記他給予的溫暖——
我要忘記的是光亮！
當你做到了請告知我，

好讓我立刻開始！
趕快！免得當你拖拖拉拉時
我可能會記起他！

閱讀，療癒了我們（二十一）

《0.1毫米的專注——放牛班小子馬祥原的世界冠軍之路》馬祥原著

- 那一天，我舉著國旗，站在最前面，領著隊伍進場，覺得非常光榮。那是我目前為止，一生中最感到榮耀的時刻。為了練習汽車鈑金，我流過血，流過汗，也流過淚，但就在那一刻，一切都值得了。那一年，我二十歲，而在這之前，我不過就是大家眼中的「放牛班囝仔」。

《為自己出征》羅伯．費雪著

- 我們設下障礙來保護所謂的自我，然後有一天，我們就給關在這些障礙裡，無法掙脫。
- 你的一生並沒有浪費，你需要時間來學習剛才學會的東西。

- 如果他不愛自己，也不能真正愛別人，他對別人的需要會變成障礙。
- 如果沒有志氣與勇氣來試驗得到的自知之明，那人要怎麼面對自己活下去？
- 四處奔走讓人學不到任何東西。每個人都要偶爾停下自己的腳步。

《李爾王》莎士比亞著

- 我雖然有充分的哭泣的理由，可是我寧願讓這顆心碎成萬片，也不願流下一滴淚來。
- 我是個笨拙的人，不會用嘴表達我的心，我愛您，只因為我是您的女兒，一分不多，一分不少。

「選這個大學科系，有飯吃嗎？」

——談做自己

「老師，你真的還記得我喜歡吃的三明治餅乾……」

孩子的眼神泛著感動的神情。

「我可以做自己嗎？我有資格選擇自己的未來嗎？」

「我是老師心裡的牽掛？還是老師心裡的魯蛇？」

「為什麼我對於別人的成功，感覺到有些嫉妒與痛苦？」

當節氣來到春寒料峭的時節，也是孩子們學測寄發成績，繁星放榜的日子。

校園瀰漫在幾家歡樂幾家愁的氛圍裡，我望見陽光般燦笑，也窺見陰霾籠罩的身影。

敞開大門，歡迎孩子們來談心事

說來不矯情，學生大多明白，我的辦公室大門是隨時敞開的，等待他們的大駕光臨。教務處開始車水馬龍了起來，在下課、放學時常擠滿了學生，無論是問個人落點，或是科系未來趨勢，抑或是單純聊天吐苦水。

忙亂的我，也擱下手邊的工作，**希望在他們生命最重要的時刻，靜靜地陪他們走一段路。**

偶爾，我覺得自己像極算命師，要有未卜先知的能力；

偶爾，我也變身為心理諮詢師，要有撫慰因考試而失去信心的靈魂。

但我的心總是糾結、焦慮著，我該為成功者喝采？還是該為失敗者心傷？

仍深深記得女孩的喜好

一個在走廊徘徊許久的女孩，她幾次望向窗內的眼神，與正在口若懸河的我相遇。她從窗外逡巡著我們的眼神，迷離又絕望，好像在找依靠的浮木。

不知為什麼，窗內是熱切探詢的人群，亂竄喧騰、絮絮叨叨。窗外的她，好像困在市聲鼎沸的環境，身陷迷宮的生活。等到人群漸散，我驀然發現她的身影，也即將離開我的視線。

我緊急地喚住了她：「不要走，是不是有事？老師在……」

女孩有些歉然，不等我把話說完，慌忙地快跑離開，倏地消失在走廊轉角。

她曾是一位和我很親近的甜姐兒，如今卻感覺到我們之間有道巨牆。

說不上來的失落，卻也無力去思考太多，案頭還一疊待解決的提問單、公文、雜務。

但心裡總是擱著女孩的事，擱到自己莫名地有些煩悶。

在闃暗的夜色中，校園幾近空無一人，抬頭，猛然看見如星子的眸光，在長廊中來回閃爍。

我的直覺告訴我，是她，一定是她。

我趕緊快步走出，像強悍的鷂鷹攫住了她的衣角：「進來吧！等你好久、好久了。不談嚴肅的事，只吃你喜歡的三明治餅乾，我剛買了一盒。」

半強迫地邀約，讓她不得不就範。

「老師，你真的還記得我喜歡吃的三明治餅乾……」孩子的眼神泛著感動的神情。

「你還喜歡閱讀《徬徨少年時》，還有，米蘭・昆德拉《生命中不能承受之輕》。」我自然地說出我們在文字中的祕戀與習慣。

「老師，你怎麼會記得我的事情？我以為自己渺小得可憐，平凡得可悲，沒有人注意我的存在。」女孩的聲音藏著感性的柔情。

「傻瓜，每個人都是獨一無二，你是那麼嫻靜，又有人文氣息。念理工的你，流瀉濃郁的文青風格，我很難忘記我們我談米蘭・昆德拉時帶給你的影響：負擔愈沉重，我們的生命就愈貼近地面，生命就愈寫實，也最真實。這不是我們互許的承諾嗎？要一起衝破生命的迷霧，找到自己的美麗人生。」

老師，你可以再收留我一下下嗎？

「老師，謝謝你，你可以再收留我一下下嗎？讓我感覺自己的存在是有意義的。」她的口氣有些乞憐。

我緊緊地抱住了她，希望身上一點僅存的溫暖，能帶給她一點向上力量，畢竟現在的我，也被工作折磨得餒累而徬徨呀！

「我們來自同一個深淵，我們可以彼此理解。然而，每一個人能詮釋的，只有她自己而已。」

我拍著她，不自覺地念出了這句話。

「赫曼・赫塞……Do your own thing.」女孩有默契地附和著我。

「那麼，你還記得艾米爾・辛克萊也曾在善惡之間，搖擺猶疑，在世俗期待與藝術之路間徘徊。他的處境彷彿映照著我們此刻的人生。

「在自我探詢的路上，我們都會軟弱，我們都會不知所措，但最終還是得傾聽召喚內在的聲音，才有辦法在現實與理想之間，找到一個圓滿的共鳴。」

話是說給彼此聽的，女孩的臉龐泛起了久違的笑容。

女孩心裡的煩憂

「老師，我考了一個極其尷尬的分數，不高不低，不好，也不壞。我翻遍所有輔導升學的聖經，還是找不到自己和家人想要的科系，結果，愈翻愈煩，覺得自己無路可走，有一種被逼到絕境，進退維谷的無助。謝謝你的收留，讓無家可歸的我，能躲到這裡來……」女孩訕訕然地說著。

女孩真誠地用了「躲」這個字，那代表著我們之間的親暱與信賴。**女孩打開我的書櫃，率性地拿出喜歡的書，坐在那個屬於她的角落讀了起來。**我不忍打擾她尋得片刻寧靜的自處，卻又擔心夜風凜冽，讓她冷著了。我躡手躡腳地把窗戶關上，希望她有機會在閱讀的時光中，找到生命的答案。

一如《徬徨少年時》所說：「我對生命一無所求，唯一渴望的只是希望能奮力活出內在真實的自己而已，但為何竟如此艱難？……**在世上，最讓人畏懼的，恰恰是通向自己的道路。**」

當年閱讀救贖了我，是否這樣的微光，也能指引我們放下沉重的擔憂，勇敢向前？

人生沒有誰一定能為誰停留。此刻，我們相濡以沫，甚至相忘於江湖，在相同的處境，擁有相似的心境。用閱讀相互打氣，心的距離是如此地靠近。

約莫一小時後，**她長長地舒了口氣、如釋重負地說：「書我還沒讀完，先帶走了，明天還給你喔……」**

女孩回眸的笑容，讓彼此陰鬱的世界朗晴了，世界不再暗黑。

我和孩子的人生，需要更多自我覺察的對話。

隔日清晨，女孩貼心地在我的桌上放了杯我慣喝的拿鐵，還有昨日她借走的一本書。

我被這份溫暖，感動到整日衝勁十足。繁雜、棘手的事，意外地也簡單起來。

女孩為自己，下了勇敢的決定

那天，女孩在走廊遇見我，她瀟灑地拍拍我的肩頭。

「老師，我決定要離開台北。雖然爸媽擔心我，一個女生離家那麼遠，是否會危險，是否會孤獨。但是，自己喜歡的科系都在南部的大學，所以，我想出去闖一闖。畢竟，每個人的生命都是通向自我的征途，是對一條道路的嘗試，是一條小徑的悄然召喚。

「老師也要加油喔，希望我們都能找到自我，固守自我，沿著自己的路向前走，不管它通向哪裡。老師，真的不要太想我，我怕你會想我想到哭……」

孩子的話語中深藏著當年德米安帶給她的感動。

面對抉擇，她仍堅信《徬徨少年時》的文字，帶給她的指引，也為自己找到奮力一躍的勇氣。

即便以後我不在她身邊，我想，閱讀也會代替我照顧好女孩。因為文字永遠不會悖棄他們的心，永遠告訴他們人生的方向。同時，閱讀也讓我們都照見內在的自我與外在自己重疊的美麗姿態，永遠無須勉強。

我們都該走在自己的路上，圓自己的夢。

閱讀，療癒了我們（二十二）

《徬徨少年時》赫曼．赫塞著

- 對每個人而言，真正的職責只有一個：找到自我。無論他的歸宿是詩人還是瘋子，是先知還是罪犯——這些其實和他無關，毫不重要。
- 有些人在心目中有一些自己的法則：有些事情，雖然正經體面的人天天都在做，對他們來說卻是禁止的；還有一些事情，對他們來說是允許的，卻常常被一般人所厭惡。每個人都必須為自己所為負責。

• 一隻鳥出生前，蛋就是牠的整個世界，牠得先毀壞了那個世界，才能成為一隻鳥。

《茶花女》小仲馬著

• 如果想安慰一個人，卻又不明白他痛苦的原因，那是很難的。

《百年孤寂》馬奎斯著

• 東西自有它的生命，只要喚醒它們的靈魂就行了。

《生命中不能承受之輕》米蘭．昆德拉著

• 悲涼意味著：我們處在最後一站。快樂意味著：我們在一起。

「我必須放棄閱讀，否則考不上好大學……」

——談壓力

「我真的沒時間再讀那些亂七八糟的文字了。為了學測，我要全力一拚，否則連好一點的大學都進不去。」男孩說著。

「國文課沒用，只是強迫學生背書。」

「國文課好無聊，就是之乎者也的假掰。」

「國文課只會高談古人生活，但我們是現代人耶。」

我常常會聽到學生滿腹苦水地說著這樣的疑惑，不禁讓我也陷入：文學無用嗎？文學有用嗎？文學可否與時俱進？

內心價值的拉扯、現實與夢想的論辯，常常是一場漫長的文學有用、無用的思辨之旅。

「現代人沒有用這樣的語氣說話，『異爨』的意思是分家，這誰懂？」

「現代人學古文的意義是什麼？還要規定二十篇、三十篇，只讀白話文不好嗎？」

「文學為什麼要拿來背，而不是拿來用？究竟有哪些人有能力拿來用？」

勇敢替國文課說話的男孩

當一群學生七嘴八舌地說著時，突然，有位男孩提出不同的看法：「跨界、跨領域，找不同的文本閱讀，這不是一種多元選擇嗎？如果，不要死背，而是讀懂它，把它當科普文章，把它當心靈勵志文章，抑或是愛情文本，會不會更開闊一點？古文、今文都可以用在生活情境，用在兩難選擇，用在人生價值，用在待人處事的哲學……」

聽到正、反不同的聲音，我沒有跳出來表態或挺誰，也不想用老師的位階，捍衛自己的專業，只**希望在角色互位時，孩子透過批判與思辨，也能欣賞我們世代的閱讀美學**，也願意走進彼此的生命，相互理解。

為什麼不同的世代仍要有國文課的存在？為什麼要讀古文？

如果我們找到答案了，就能建立跨世代閱讀的共同價值與意識，學習才會變成教學相長的善意循環。

勇敢替國文課說話的男孩，從未掩飾自己喜歡經典，廣泛涉獵哲學。身處於同學都不閱讀的環境中，他仍自顧自地行銷尼采、叔本華，甚至傅柯，對高中生的意義。舉凡《西遊記》、《紅樓夢》、《三國演義》、《小王子》、《傲慢與偏見》、《簡愛》、《飄》，他都可以說著獨到的心得或提出對新世代閱讀品味的觀察。

每一次聽到，我都有種想起立鼓掌的衝動。

他帶給我的驚喜是：

就是讀，管現在懂不懂。

愛閱讀的眼神，流瀉著愛書的豪情與惜書的執著。

重重一擊的一番話

只是，第一次模擬考之後，他突然收起桌上所有的課外書，取而代之的是，桌上堆疊散亂的學科參考書。

為什麼那個孩子不再閱讀了？

為什麼培養那麼久的閱讀習慣要棄守？閱讀的心要擱淺？

我問了他好多次，他的回答總是讓人沮喪、難過。

「我真的沒時間再讀那些亂七八糟的文字了。為了學測，我要全力一拚，否則連好一點的大學都進不去。」

他的話，重重一擊，擊中我推動閱讀的堅強意志。

我不懂，也無法懂，為什麼那麼喜愛閱讀的學生，那麼親近閱讀的孩子，竟然用這樣的形容詞來作為青少年閱讀歷程的句點。

升學，難道是閱讀推廣無法跨越的魔咒？

努力再與男孩溝通

「○○，可以聊一聊嗎？」我走近他，拍拍他的肩膀。

「老師，我很忙耶！下一節要考數學，我要快點背公式。」男孩語氣冷漠地說。

「中午呢？」我繼續追問。

「我想休息，下午要考英文。」男孩開始有些不耐煩了。

「放學呢？」我不死心地問。

「我要去補習！」他說完，馬上打開國文課本背書。

「你不是從來都不補習？也不死背書？」我面對他的背影說著。

「不補習不行，我成績一直退步。我要開始面對現實，不能再欺騙自己了。我要好好讀教科書、參考書，未來才不會後悔。」男孩像吃了秤砣鐵了心。

「你以前不是說：『閱讀的經驗從未離開我們的生命系譜，經典一直都影響著我們的思考、生活、決定，只是年輕世代從未自知覺察。』」我悲傷地說。

「老師，請你忘記這種鬼話，就當作我中邪了，也別再這樣想。我提醒老師，要多休息，多照顧身體，你最近臉色不太好。如果可以，面對現實，這個時代沒有人想閱讀……」男孩認真地提醒我。

回首自己的閱讀史，我第一次對閱讀懷疑與抗拒的時間點，似乎也是在準備聯考的時節。當時因為成績的起起伏伏，讓我也想逃離閱讀。

我是不是要相信閱讀，相信學生？或許，我不要再勉強學生立刻回歸，因為**偶爾的叛逃，或許是未來孩子成為真正的閱讀者所必須要繞的一條遠路**。

孩子讓人驚喜的分享

那天，驚喜地發現在文學世界失蹤很久的學生，竟在ＦＢ分享Readmoo電子書的訊息，他寫下：「這輩子必讀的經典名著第一名是《紅樓夢》。」

我心裡想，重提《紅樓夢》對於男孩的意義到底是什麼。

「〇〇，昨天看見你貼文提到紅樓夢，你想不想更深入地來看看這本書……」

「老師，你不要試圖改變我，如果你提些學測會考的重點，我就聽……」男孩功利地回答著。

「《紅樓夢》最特殊的人物就是劉姥姥了。她多次進出大觀園，不因賈府的權貴勢力而招搖，也不因賈府的潦倒沒落而忘義。從她的一言一行、所見所聞，描寫賈府的榮敗興衰，詼諧風趣的道盡人情世故的冷暖。」我有感地說著。

「劉姥姥是面鏡子，照見對比賈府形形色色的人物，藝術手法很成功。文學何嘗不是一面鏡子？照見我們對於生命擺渡時的選擇，我們是要讓心飄蕩，還是停泊。」孩子的神情微微地有些震動。

「你可以在《紅樓夢》看見文學中的愛情。寶玉與黛玉有緣無分的愛情，讓讀者深陷其中，彷彿也是來還眼淚的，例如，草木也知愁，韶華竟白頭，嘆今生誰捨誰收？嫁與東風春不管，憑爾去，忍淹留。因為年輕的你對愛情有感，期待也怕受傷害，而我卻可以在《紅樓夢》中看見人情，當生命看不到光的時候，它恰好能為你提燈，讓你放心地向左走或向右走。

「同時，也勾勒出我們對世界的美好想像與理解，沉澱出不同於世俗的價值觀，一如你願意捍衛經典，那樣的勇氣，一如你即便質疑，但也願意分享紅樓夢是必讀經典，那是你愛書的潛意識。一個人內在的文學靈魂，絕對會再次被經典喚醒的。」

我望見男孩眼中的文青眸光，是不是這些話觸動他什麼了？

「劉姥姥在《紅樓夢》裡，雖然不是主角，卻也不是插科打諢的丑角，她是以一個喜劇角色的形象來反襯出賈府大悲劇的陰影。她的身分低而不卑，野而不鄙。進退之間，分寸得宜。

「以前我讀不懂劉姥姥角色存在的意義，後來，歷經家庭的風暴與變革，我終於理解了，劉姥姥不只是給賈府一個自省的機會，提供讀者對真實貧富與虛幻人生的對照。因為有人願意在歲月的淘洗中，保有一份待人的赤忱與純真，實屬不易。」

我靜靜地說著，希望男孩能懂得經典會因為年歲不同，帶給我們一份重讀的驚喜或體會。

療癒逝去的愛情

「《紅樓夢》呈現奇幻繁華、複痛絕望、溫暖和解的情感，溫燙我們不同面向與風貌的人生情韻。**閱讀不只是為了分數的競逐，更多是與內在的自己溝通**，找到療癒的慰藉。」

我望見男孩的眼神中出現著同理。

「老師，我回首自己閱讀過的作品，發現最能觸動我的就是《紅樓夢》。我認同老師說的，每次讀它都有不同的感動，有時候悲傷，有時候開心。失戀的時候，腦海裡會竄出林黛玉的詩句：爾今死去儂收葬，未卜儂身何日喪？儂今葬花人笑痴，他年葬儂知是誰？**對於逝去的愛情，我在抄寫詩句的過程中，往往能漸漸釋懷**。林黛玉其實讀懂了我，我也讀懂了曹雪芹。」男孩感性地說著。

「文青，你終於甦醒了。**我承認面對升學這個壓力，我們都得面臨價值的鞭笞與掙扎，但是論辯過的思考，終將成為一個信念，堅不可摧**。恭喜你的回歸。」

我拍拍他的肩膀，給他一個打氣的讚嘆。

「卡爾維諾說過：寫作是一種視野，拉得愈高，也就愈能看見真實。閱讀經典何嘗不是如此？當你徜徉在史蒂文生的《金銀島》時，你驚豔於小說家蓬勃的想像力竟然能幻化成這般文字，帶領你走進未知的世界。荷馬史詩《奧德賽》成為旅行文學中冒險犯難的原型，讓我聯想到中國吳承恩的《西遊記》，一個是西方海上歷險的小說，一個是東方西天取經的故事。

「隨著時間，喜歡他們的讀者群愈來愈多元、豐富，不但打破東、西方的地域之界，甚至被後世創作者擷取其中的元素，加以添加、變形擴充而成新作。」

我試著**擴大經典的視角**，與他自在地說著。

男孩想當家裡的劉姥姥

「老師，前陣子，我爸爸被裁員，我感覺到家中經濟的壓力，開始會胡思亂想，也變得市儈功利，昨夜再翻開《紅樓夢》時讀到：說到辛酸處，荒唐愈可悲。由來同一夢，休笑世人痴……我的心軟化了，痴心父母古來多，孝順兒孫誰見了。迷惘的世界清明了。今日，老師再次提到劉姥姥，讓我再次從經典中的人物的形象，找到堅強的力量。劉姥姥穿越時空、化身轉世，來到我的時代，成為生命援引光芒的人。

「我不一定能幫爸爸什麼，但是我可以當個開心果，讓家裡的氣氛變得詼諧些，我可以是家裡的劉姥姥。」孩子溫暖地說著。

「就像寶釵告訴寶玉的：論起榮華富貴，原不過是過眼煙雲，但自古聖賢，以人品根柢為重。你堅持自己對經典的熱情，經典也成為你生命的光，它與你形成一種歷經時間淬礪，擁有共同意識與價值的火花。一如卡爾維諾分享的：經典是每次重讀都會帶來初讀時滿滿的發現的快意的書；經典是初讀卻感覺像重讀的書。」我語重心長地說著。

雖然閱讀經典無法得到高分，卻能解我們生命之惑。

我們為什麼讀經典？或許囫圇吞棗，或許故作風雅，或許霧裡看花。但經典所留下來迷人的信息，文化的足跡，讓讀者能慢溯在過往的集體意識，審美品味，或是深藏於潛意識中未被探尋過的情感，突然謙卑地舒展閱讀的姿勢，剎那間，經典讀懂了我的人生，經典也溫暖了學生的生命。原來，紅樓夢不遠矣。

閱讀，療癒了我們（二十三）

《紅樓夢》曹雪芹著

- 滿紙荒唐言，一把辛酸淚。都云作者痴，誰解其中味！
- 滴不盡相思血淚拋紅豆，開不完春柳春花滿畫樓，睡不穩紗窗風雨黃昏後，忘不了新愁與舊愁。
- 一個是閬苑仙葩，一個是美玉無瑕。若說沒奇緣，今生偏又遇著他；若說有奇緣，如何心事終虛化？一個枉自嗟呀，一個空勞牽掛。一個是水中月，一個是鏡中花。想眼中能有多少淚珠兒，怎經得秋流到冬盡，春流到夏！

《西遊記》吳承恩著

- 人情似紙張張薄，世事如棋局局新。貧居鬧市無人問，富在深山有遠親。不信但看宴中酒，杯杯先敬富貴人。
- 心生，種種魔生；心滅，種種魔滅。菩薩，妖魔，皆屬一念。若論本來，皆屬無有。

《三國演義‧卷頭詞》羅貫中著

‧滾滾長江東逝水，浪花淘盡英雄。是非成敗轉頭空：青山依舊在，幾度夕陽紅。白髮漁樵江渚上，慣看秋月春風。一壺濁酒喜相逢：古今多少事，都付笑談中。

「我絕對不會原諒他……」

——談道歉

「同學笑我是假貧戶，是領一大堆補助的社會米蟲，是可忍，孰不可忍……」男孩臉上爆出青筋，兇狠地對我們吼著。

「憑什麼，憑什麼，你可以領補助？靠關係呀？

「好手好腳，領什麼補助？你說呀！快說呀！」

「杵在那裡，是不敢說，還是不會說……心虛呀！」

「砰，砰，砰……」男孩在同學的逼問下揮拳了。那一拳打在同學的身上，也打在我的心上。

「用拳頭說話是野蠻人的行為。為什麼要打人？」我幾乎是扯著喉嚨說話。

「同學笑我是假貧戶，是領一大堆補助的社會米蟲，是可忍，孰不可忍……」男孩臉上爆出青筋，兇狠地對我們吼著。

被揍的孩子也情緒失控的吼著：「我不是故意訕笑他，你看他穿戴整齊，一點都看不出來是低收入戶……」

兩人都十分堅持自己的立場與說法，場面持續火爆。同學識相地把現場讓給我，紛紛走避。

老師先道歉

「你們都跟我走。你們把我平日教給你們待人處事的道理，都放到哪兒去了。打人的，不知反省；口出惡言的，不知悔悟。你們的所作所為，都太令我心寒了。」我憤怒地說著。

即便我疼愛學生，卻不能容許暴力在課室發生，即使是下課時間。

走回辦公室的途中，我的心情稍微平復，也開始知道意氣用事，絕不能解決難事。

「我們都冷靜下來。我的情緒很失控，對你們的態度也很不友善。我先道歉……對不起！」

兩個大男孩同時望向我絕望的淚臉，我的「對不起」讓辦公室的氣氛突然變得不太一樣。

「如果，我們對一個人的評價是從外在的標籤，或是人云亦云的傳言，而不是真正用心去相處，用情去感受，你們覺得我們有什麼資格譴責別人。當別人對我們做出抹黑或是歧視的行為時，你要如何坦蕩地面對？你們所做的事情，不過是假道學，謊騙自己良心的兩套標準。

「仔細想想，你們所做的和過去所深惡痛絕的那種大人的行為，有何區別？用暴力叫人屈服，不講道理，不論黑白，不給人機會，那麼絕情、決絕，一點都不溫暖……」我心生委屈地說著。

互不認錯的兩個男孩

「老師，對不起，但我只向你道歉，打人真的不對。不過，他對我的傷害比拳頭還痛，我絕對、絕對不會原諒他。」男孩心有不甘地回話。

「我說的話，我絕不卸責。我一向光明磊落，當面質疑你，有疑問就問你，並沒有任何看輕你或貶低你的意思，你何必一副作賊心虛的樣子。如果你有領到不義之財，你要反省、要繳回；如果你沒有，你也可以辯駁，甚至叫我道歉。」

另一個男孩正義凜然地說著。

兩個男孩最終還是陷入各說各話、唇槍舌戰的局面，看來一點也沒有把我的話聽進去，甚至休戰的意思。

老師述說自己是工人的女兒

「小時候，我被同學笑過是髒兮兮的搬鐵工人的女兒。老師的爸爸會抽菸、吃檳榔，甚至會大聲罵人。不過，我從未因為他是藍領階級而自卑。我以他的工作為榮，因為他不偷不搶，他用自己的勞力換取微薄的薪水，照顧我和母親的生活。但是，有些爸媽卻不讓他們的小孩和我做朋友。」

我從未和任何人提及的往事，因為他們的紛爭，我自然地說出來了。

或許，我的心情有些波動，所以，我的眼淚開始有些止不住。

「還記得，有天晚上，八點檔連續劇都播畢了。我和母親一直盼不到父親的返家。母親擔心父親的安危，就拉著我直挺挺地站在巷子轉角等待晚歸的父親。

「在沒有星子的夜裡，鐵鏽沾滿他的臉龐與全身，穿著『吊嘎』的父親與我們擦身而過。我和母親在闃暗中，竟認不出他來。直到他轉身叫住我們，露出滿口白牙的父親，正傻氣地對著我和母親笑著，我們才恍然大悟，原來擦肩而過的陌生人，就是我的鐵工父親。

「勞工階級令人尊敬，但也令人心疼。他們在社會底層的夾縫中求生存，沒有自怨自艾，只有任勞任怨，宿命極了。」

我坦然地說出這段童年往事。

打人的男孩，臉龐流淌著淚水，**或許，我們有過相同的生活遭遇，他的眼淚是對我的同理，也是對自己處境的悲憫**。

雙方坦誠的溝通

「我從沒有用拳頭捍衛過自己的尊嚴，那是褻瀆勞工階級身分的神聖。老師心疼你，卻不能接受你用這種方式教育同學對你的偏見。**如果，異樣的眼光曾讓我們痛過，我們更應該用寬容的心態去翻轉別人對我們的觀感**。你一向是個不卑不亢的孩子。至於，你為什麼要領取補助的原因，願意說給他聽聽嗎？」

我試著詢問男孩的意願。

「我家中的經濟狀況很不穩定，父親是身心障礙者，母親是新住民，家中還有正在讀書的弟弟、妹妹。我拚命讀書，領取獎學金或是補助，就是希望能負擔弟妹的補習費，讓他們也能安心就學。

「另外，我不希望低收入戶就要穿得骯髒破爛，我認為整齊、乾淨的儀表，是自己對他人的尊重。每一套制服我幾乎都穿三年，每個晚上，我都利用睡前的時間，用手洗淨全家的衣服……我希望別人不會因為我們的外表骯髒，就對弟妹產生偏見，我個人是無所謂……社會對我們很照顧，所以，我很感恩、很珍惜，卻沒有浪費任何人對我們的補助與捐款，未來，我會加倍償還社會大眾給予我們的這份恩情。」

男孩認真地說，也讓我感受到台灣社會對孩子的照顧與正向善意的流轉。

「我的家境也很差，卻達不到政府補助的門檻，我忿忿不平的出發點是針對這個齊頭式的制度，絕對不是針對你，只是想為這種不公平的制度發聲。

「透過文件申請，很多資格限制，其實更多可憐的人，並無法真正被照顧到。很多人甚至利用制度的漏洞，領取這些善意的補助。沒想到，我自以為是的公平與正義卻傷害了老師和同學，我很慚愧。」

被揍的男孩一說完，突然來個男孩之間的熊抱。

當他自責地說著，對不起、對不起時，每一句對不起，都讓我們找到彼此和解的溫暖。

孩子們的思維與靈魂仍是如此澄澈透明又簡單、善良的呀！

孩子對生存的疑惑

「如果，我們都認為知識是用來幫人與助人的，為什麼這個社會的權力擁有者，會讓市井小民感受不公不平的壓迫？」

「如果，我們都認為人生而平等，為什麼有人與生活搏鬥一世，卻無法擺脫貧窮？有人卻啣著金湯匙出生，榮華一生？」

被揍的男孩突然疑惑地問了我。

我不希望孩子們變成憤青，也不希望他們失去對美善未來的追尋，但是，**我們所處的世界，存在的不全然都是光明的、美麗的故事**。**存有這樣的疑問或是探問，其實是一位社會公民很重要的意識**。

「高中時期的我很喜歡托爾斯泰的作品，他的《戰爭與和平》、《安娜．卡列尼娜》都是我的枕邊書。幸福的家庭有同樣的幸福，而不幸的家庭則各有各的不幸。《安娜．卡列尼娜》的人物角色、生活情境，都扣住俄國社會各個階層進行價值的撞擊，女主角真誠面對自己的愛慾，同時也把階級的偽善反照出來。當坐擁權勢的傳統貴族與崇尚自然的新派貴族，兩者全力的拉鋸。當貴族願意走向社會底層，推崇革命精神，進而放棄貴族身分時，小說看似著墨於愛情情節，卻讓我看盡俄國社會各個階層的真實面貌，還有作者隱隱萌發的革命精神。」

說完，我靜靜地望著他們。

「托爾斯泰？」兩人同時說出這個名字。

「托爾斯泰《戰爭與和平》、《安娜．卡列尼娜》和《復活》被視作西方經典長篇小說，我們在小考有背過這些書名。」男孩突然戲謔地答腔。

我們判斷一個人好與壞的標準是什麼，我們說過善意的謊言，集體批評過自以為的價值觀，卻無法明白：此生我們追求的，不過是力爭上游能換來更好的生活，忠於自己的感受能做個正直善良的人。托爾斯泰呈現社會黑暗現實的同時，也把小人物堅韌的勇氣寫得鮮明又單純，一如這樣的反思：

不要抵抗罪惡，但是，你們自己也不要參與罪惡。

戰爭本就是喪失人性的最野蠻的行為，為何還要想到什麼愛、詩、哲學等人類最文明的東西呢？

當你了解貧窮與富裕深層的意義時，你就對舒適生活圈以外的人多一份同理心，也更貼近世界的真實樣貌。

托爾斯泰，看似距離我們如此遙遠的小說家，卻為現實生活的境遇解決某些存在的疑惑，也領我們走出現實生活的迷霧。

貧窮也好，弱勢也罷，我們只要相信善良的人性，絕對能引領我們走在正直的道路上，勇敢地活出自己的姿態，找到存在的榮耀。

閱讀，療癒了我們（二十四）

《戰爭與和平》托爾斯泰著

・每個人都會有缺陷，就像被上帝咬過的蘋果，有的人缺陷比較大，正是因為上帝特別喜歡他的芬芳。

・其實生命的真正意義在於能夠自由地享受陽光，森林，山巒，草地，河流，在於平平常常的滿足。其他則是無關緊要的。

《做工的人》林立青著

・這社會要求他人有尊嚴活著的，幾乎都是收入穩定的人。但一個人只是想活著，謙卑和努力地活著，這難道不值得尊敬？

《雙城記》狄更斯著

這是最好的時代，也是最壞的時代；

這是智慧的時代，也是愚蠢的時代；

這是篤信的時代，也是疑慮的時代；
這是光明的季節，也是黑暗的季節；
這是希望的春天，也是絕望的冬天；
我們什麼都有，也什麼都沒有；
我們全都會上天堂，也全都會下地獄。

「老師給學生的愛，都是假的嗎？」

——談內心受傷

「我在教師節、聖誕節寫給老師的每一封信，都石沉大海。我每次校慶回去，老師都對我視而不見。」男孩低頭說著。

「我每次的選擇都是錯的。我被上帝拒絕了……」

「我是一個被熱鬧排擠，被孤獨擁抱的空氣人……」

「成人世界充滿謊言，你們算什麼好大人？」

男孩有雙美麗的眼睛，即便隱身在人群中，仍像閃爍明亮的星子，讓我一眼就能尋到他。

但是，他的眼神藏著迷離的憂鬱，淒清的惆悵，讓人猜不透、想不到。

這麼漂亮的眼睛曾望見什麼風景？遭遇何種經歷？為什麼總是安靜地坐在位置上，默默地翻著案頭的書，對於任何老師或同學的關心，總是無動於衷。下課後熱鬧的喧囂，讓他的靜默更顯格格不入。

總是拒絕他人的男孩

「○○，要不要趁下課和同學散散步或聊聊……」

「○○，要不要與大家分享你的心得或看法……」

「○○，要不要代表班上參加這次的……」

他總是禮貌地給我這樣的答案：「謝謝建議與抬舉。我真的不要。」

在被拒絕許多次後，我也曾擔心、試探性的詢問，這會不會變成彼此相處的負擔。同時，我也想多觀察孩子平日都在做些什麼，喜歡什麼，因為，我需要更多的訊息了解他，也讓我有機會走進他的內心世界。

那一天，當我收回作業，準備批閱時，突然望見○○在空白的扉頁上寫著：「水裡的游魚是沉默的，陸地上的獸類是喧鬧的，空中的飛鳥是喧鬧著的。但是人類卻兼有海洋的沉默，陸地的喧鬧與天空的音樂。」

年輕的他，正在讀泰戈爾《漂鳥集》嗎？

或許，他也矛盾於沉默與喧鬧之間的平衡，也或許正是他想向我求救的訊息。文學繆思與哲學思辨正折磨文青的靈魂呀！

送《漂鳥集》給男孩

「○○，我很喜歡這個版本的《漂鳥集》……藍色的書頁，勾勒廣袤的天地，框住美好的悸動，真理與智慧的泉源，汩汩流瀉在中英對照本的文字中，送給中英文都很厲害的你……」

「老師，為什麼送我《漂鳥集》？你知道什麼事？還是要打探什麼事？」男孩有著戒心地問。

「○○，老師也是個內心熱情，外表冷淡的矛盾者。害怕別人拒絕我，擔心別人不喜歡我，所以總刻意先冷眼旁觀這個世界，或許，是啟動不讓自己受傷的保護機制。

「過去，我的態度拒絕許多喜歡我的朋友，我的滿不在乎影響許多好緣分的流轉。再回首，升騰遺憾與懊悔的心情。現在的我，不願意再錯過，主動付出，不求回報地給予，只要我做得到。」

我真誠地想好好和他說話。

「老師，我不覺得自己很孤單、寂寞，也不覺得自己有特別喜歡泰戈爾。在作業上的抄錄，那些只是無意識地抄寫而已。另外，我和你不一樣，希望你別把我類比成你……」

這些話，讓我印證了他是個內心寂寞的孩子。

如果不是寂寞，他不會這樣直率地拒絕他人的善意，阻擋各種溫情傳遞的可能。

或許，我的方法錯了，太單刀直入，也太自以為是。

面對一個不容易敞開心胸的孩子，我得再花點時間試試，雖然這個挑戰的確有些困難度。

「〇〇，不好意思，老師以為找到脾性相同的靈魂，因為熟悉的親切感而走近你。如果我的冒失讓你不開心，我就退回去老師的位置。想和你做朋友的初心，很純粹、很簡單。我沒有要窺探你的隱私，打探你的祕密。但如果，造成你的不悅或是不被尊重，我真的很抱歉。」

我受傷地說出自己的感受。

我開始刻意與他保持距離，但怕又弄巧成拙，惹他逃得更遠。

處處為男孩點盞閱讀的燈

不過，我還是處處留了情分，處處為他點了盞閱讀的燈。

在他生日時，特意在卡片寫下：

○○，泰戈爾用一首又一首如漂鳥般的詩歌，來照見這個世界，穿越時空的限制，與自然同在，如漂鳥翱翔天際，閱盡人間風景於眼際，以詩禮讚這個美麗的世界，無論喜悲與哀愁都化成雋永的短詩，思辨著人類生命的課題。

你曾問過我：『為什麼幸運之神都不站在你這邊？讓你和勝利擦肩而過，讓你和喜歡的人錯身寂寞。』我想，上天都為每個緣分留下溫柔的祝福，只是我們還不懂箇中的真義。我希望泰戈爾的文字能帶給你生命一些啟發與暗示：

Life has become richer by the love that has been lost.

Once we dreamt that we were stangers. We wake up to find that we were dear to each other.

逝去的愛讓生活變得富足。有一次，我夢見大家都是不相識的。我們醒了，卻知道我們原是相親愛的。

孩子的眼神停駐一抹短暫被讀懂的溫柔，但卻又旋即斂起臉色說：「老師，你太做作，太矯情，你只要觀照自己就好。不用刻意討好別人，接受別人不喜歡你、討厭你、拒絕你。你該不會想把征服一個又一個難纏的學生，當成未來自己爭奪師鐸獎的光環……我拒絕成為你教學生涯的一個被說嘴的故事……」

「師鐸獎？好吧！你可以拒絕我，不過，別把我喜歡你的真心與關心，臆測成這樣的陰謀。**我不顧一切地想付出，是因為，你是我的學生，你也值得我這樣做……**」

被誤解的確不是件好事。強裝的堅強，讓我轉過身，有種心酸的感覺。

「老師，你怎麼了……」

孩子們的驚呼聲，讓我撐了很久的淚水潰堤。我知道，我不該這樣，但總是忍不住……

「好糟糕，眼睛很不舒服，不好意思，先離開一下……」

像逃難似的離開，我害怕再與他的眼神接觸，我真的輸給那雙美麗又懾人的眼睛。

男孩的心結

多日的春雨綿綿，情緒陷入一長串的陰鬱與低潮。

說不上來是什麼氣餒的感覺，是一種告白又被惡狠狠拒絕的難堪嗎？

那天，○○直接闖進了我的辦公室，面帶嚴肅地問了我一連串的問題：

「老師，我喜歡《漂鳥集》，很喜歡，很喜歡。小學畢業時，泰戈爾詩集是老師送我的禮物。我是班上第一名畢業的，因為老師，我喜歡閱讀、喜歡寫作，也拚了命一直和第一名畫上等號。上國中後，我還是思念著老師，感謝著老師的教導。只可惜，教師節、聖誕節寫的每一封信，都石沉大海了。每次校慶回去，老師都視而不見。難道，畢業後，學生就不是學生了嗎？難道，老師給學生的愛，都是船過水無痕的假象嗎？原來，只要相信一個溫暖的人，值得依靠，就會被突來的絕情傷得體無完膚？世間好物不牢靠，彩雲易散琉璃碎……」

「○○，你知道有些老師看著孩子離開，心裡苦，卻刻意不說。放手讓你去過新的生活，不願牽絆你，卻在心裡默默留個位置，不刻意強調。與自己深愛的孩子保持距離，大多是真心喜歡著你。你長大了，要往下一個人生階段前進，他不該，也不能用情感勒索你，目送你離開的背影，漸行漸遠，甚至，消失在自己的生命旅程時，他所承受的是，不必追的大澈大悟與深情的隱蔽。這種心情，我也有過……」

我似乎知道孩子的心結，希望這些話能解開他的疑惑，讓他能理解一位疼惜他的老師，另一種內在思考的風景。

我忍不住給了他一個擁抱，緊緊的，好像也替他的老師安慰了男孩被放逐多年的情感。

放手的愛

「**老師是愛你的，用著你不知道的方式愛著。放手的愛，是大氣，是珍愛，我很佩服他捨得**，一如泰戈爾說的，『雲兒把河之水杯注滿；自己卻隱藏在遠處的山中。』你能讀懂他賞識你的心意嗎？那絕不是偽善，是得天下英才而教之的喜悅，我們都看到你有文人善感的靈犀，也是上天送給我們最好的禮物。找時間，再回去看看他，抱抱他，不要留下師生情誼誤解的遺憾，你欠他一個道歉……」

男孩潸潸流下的眼淚，雖不是為我而流，卻讓我看見被禁錮的靈魂，自由了，像漂鳥，願意再次飛翔在書寫的蒼穹。

原來，**此生，我們都在學著愛人，也學著被愛，這個旅程很漫長**。有誤解才會有和解的淚水，有淚水才會有同理的燦笑。

窗外的晨曦照耀過迷離的氤氳，那是一日初始的祝福；窗外的夕照暈染浪漫的雲彩，成為暗夜靜謐的等候。

孩子一如漂鳥，最終還是會飛往心靈的歸處，祝福他，還有他深愛過的老師。

閱讀，療癒了我們（二十五）

《漂鳥集》泰戈爾著

- 除非我們用愛去對待一個人，否則我們無法了解他。
- 月亮把她的清光照耀整個天空，黑斑卻留給她自己。

《美麗的繭》簡媜

- 以回憶為睡榻，以悲哀為覆被，這是我唯一的美麗。如果，有醒不了的夢，我一定去做；如果，有走不完的路，我一定去走；如果，有變不了的愛，我一定去求。讓懂的人懂，讓不懂的人不懂；讓世界是世界，我甘心是我的繭。
- 有時，很傻地暗示自己，去走同樣的路，買一模一樣的花，聽熟悉的聲音，遙望那窗，想像小小的燈還亮著，一衣一衫裝扮自己，以為這樣，便可以回到那已逝去的世界。

他被同學的冷言冷語傷害、排擠……

——談友誼

嗜書如命的男孩，在體育班裡，顯得特別孤單。

「老師，你可以推薦書單給我嗎？」

「老師，我可以帶我去聽演講嗎？」

「老師，你願意教我創作新詩嗎？」

滑世代的年輕人不愛閱讀，甚至連看報紙都免了，男孩卻反其道而行，從開學至今，不斷地展現高昂的閱讀動機與熱情，甚至到嗜書如命的地步。

在體育班格格不入的男孩

他鮮少和同學談天說地，總是安靜地坐在自己位置上讀書。特立獨行的風格和體育班的學生大相逕庭，真不知他當初怎麼會選擇就讀體育班。

「我喜歡普通高中的學風，無奈成績無法跨越入學門檻，後來，看到體育班的獨招簡章，認為就讀體育班是不錯的選擇，不只擁有一技之長，未來的發展也會多一個選擇。」男孩眼神炯炯地望向遠方。

那天，他拿著郝明義《閱讀者》、謝哲青《走在夢想的路上》的簽名書，喜孜孜地與我分享。

「老師，謝哲青的旅行是在拼湊己身破碎性靈，從行旅中使之圓滿。因為孤獨，他看見的不只是塵世喧囂升騰的華麗景物，而是在不同風景找到改變自己的生命軌跡。為了尋找太宰治人生終曲的風和日麗而來到津輕；為了感受彼得・梅爾（Peter Mayle）而愛上普羅旺斯的雲淡風輕，為了追尋《鄉間騎士》的指引，踏上西西里島的國度，閱讀的積累，旅行的實踐，生命才能找到屬於自己的答案，是嗎？」

「佩蒂・史密斯（Patti Smith）說：這有形的世界，沒有任何東西比書本更美麗，他要大家不要遺棄書本，你倒真的成為《只是孩子》的信徒。」

我驚喜地說著。

班上的透明人

年輕的生命怎容得下這樣有廟堂之高、江湖之大的識見？正值叛逆年華的他們，又怎能聽得下義正詞嚴又發聾振聵的言論？喜歡放聲大笑，放肆說話的青春年歲，他沉穩的表現，偶爾真心規勸同學：蹉跎莫遣韶光老的說話口吻，於是，同學開始對他產生負面的評價。

他的奮進向學、自愛自重，卻讓他的人際關係崩垮，築夢過程顛沛。有人說，他念錯班級，矯情做作，唯利是圖……愛讀書，這根本是個異類會說的話。他被同學的冷言冷語傷害著，被刻意排擠著，變成班級透明人。表面上，他裝得若無其事，堅持做自己，走自己的路，態度就像慷慨赴義的荊軻，但他卻離同儕的世界愈來愈遠。

獨來獨往的身影，不只讓我心疼，也讓我心不安、理不得，我怎能袖手旁觀？

男孩反過來安慰老師

那天，他又坐在圖書館閱讀陳雪《摩天大樓》。

「是不是感覺自己很寂寞，不被了解，好像在都市叢林中迷途？會不會生氣老師無能為力，無法保護你的懦弱？我還沒有準備好要怎麼幫你，怕搞砸……」我低聲地說。

「自己選擇的人生，就不會後悔，像北野武說的，『你若問我要選擇哪一種人生，我不必想就能回答：我選擇發光發熱的人生。』」

男孩義氣地捶了我一下。

這一捶，捶出我的淚水。「在城市裡生活，人與人的關係是淡薄的，細瑣物事很快就被時光推移而去，聚散兩忘，互不相欠，看似瀟灑，人情流轉就少了溫度。

「都市生活，疏離又蒼茫，住在一個被封閉的城中之樓，無法打開任何一扇門，只能緊閉自己的門，你進不來，我出不去。住得很近，卻戴著面具，藏著祕密，我們的心其實就住在摩天大樓裡。住久了，習慣了，倒也以為這樣活著是對的。**孩子，對不起，再給我一點時間，想辦法……**

「《摩天大樓》說：『不管你有多卑微，都有自己的命與故事。』那些不忍卒睹的瘡疤，就讓它過去吧。老師，不要把我想得那麼重要。**別人認為荒涼的所在，有時候，反而讓我海闊天空了起來**。我喜歡孤獨，不怕孤獨，真的沒事，榮格說：『生命如果沒有悲傷的平衡，那麼幸福這個詞也就失去意義。』」

男孩堅強地安慰我，要我保持好老師的形象，千萬別再多做什麼。

泰戈爾說：「天空沒有翅膀的痕跡，但我們已經一起飛過。」

在其他學生對於學習、對未來還懵懂無知之際，他竟然把人生看得如此透澈。

他不是市儈，是明白肩上須扛起的責任；他不是唯利是圖，是知道唯有靠自己，才能翻轉人生。

我該扮演什麼角色？才能讓他的生命重新開始？

同學的噓聲

「密西西比河畔的小鎮，住著一個古靈精怪、鬼點子多，不愛上學、不愛寫功課的湯姆，他開朗與善良，嚮往愛情。湯姆純真的雙眼，不只篩去複雜成人世界的複雜，跟著他，我們也回歸告別的童年……馬克吐溫的《湯姆歷險記》，想看看嗎？」

我信心滿滿地帶書進班級。

「湯姆的父母不在，他跟著阿姨生活，雖然不是乖小孩、好學生，卻展現無比創意，把刷油漆的苦差事，變成一門小生意，還慫恿暗戀的女生跟著他進入洞穴探險，是一個很厲害的孩子呀。」

男孩接續幫我說明，卻惹來同學噓聲。

同學要求換人

「這次，我們一起走進郁永河《北投琉穴記》，學習湯姆冒險犯難的精神，來個古道探險。看看採硫的棧道，經過時代變遷、季節遞嬗，古今到底有什麼不同？湯姆是個對人熱情，開放心胸，不排斥任何朋友的好咖。

「這次出遊，我們要進行分組PK賽，讓大家在問題中快樂學習，探險中爭取榮譽，旅程中合作解惑，好不好？」孩子聽完，齊聲高呼起來。

孩子們對於不用上課可出遊，充滿熱情。對於冒險闖關的遊戲化課程有著好奇。年輕的他們，開心加入活動設計與分組競賽的氛圍中，躍躍欲試著。

「老師，可不可以不要和他同一組，他很悶，很煞風景，拜託、拜託。我怕我們玩不下去。」出發前，和他不對盤的男孩率性地提出換人的要求。

「《湯姆歷險記》的主角是來者不拒，願意跟的，就跟著，甚至有能力改變別人的思考。你是班上最有影響力的孩子，相信你能翻轉他，讓他不要那麼ㄍㄧㄥ……」

男孩們在我的吹捧下，半推半就地接受了。

男孩與同學的破冰

走出課室羈絆的孩子們玩得有些得意忘形，幾個調皮的男孩，在狹隘的古道上，跑來奔去，互相拉扯，幾次險象環生，讓我不得不動了氣：「所有的闖關活動暫停，我們是來古道尋寶探險，不是來放肆縱情的。打道回府，活動取消。」

「老師，不要這樣，好不容易，全班出來玩，一冒險，就變撒野文青，我不想回去。我們都比湯姆機靈聰明，老師不要顧忌太多，彼此各退一步，我們會注意安全，相互關照，請您讓活動繼續進行，好嗎？」

男孩首度與我意見相左，同學們在旁不斷答腔力挺。

看見同學與他破冰的對話，只能順水推舟地答應：「你們喜歡刺激，回去就加碼閱讀《金銀島》。海盜俠義豪氣、鬥狠鬥智，海上叛變與謀殺，航海生活尋寶驚險的歷程，不輸給你們現在的表現。」

同學們掏心掏肺地說：「沒問題，不要說《金銀島》，銅鐵島也讀。」

只是，體力一向過人的男孩們，一溜煙就不見蹤影，我真的陷入「望塵莫及」的趕路人生。

男孩鎮靜處理突發狀況

不久後，有位男同學氣喘吁吁地逆向跑來：

「老師，剛剛○○跑太快，下坡剎車不及，滾到山側旁的草地上。」

不知為何，我驚慌起來，連問話的語氣都有些急促：「傷勢如何？其他人呢？快點到前方集合，我要點名……」

男孩站在我身邊，要我鎮靜：「老師，一切都會沒事的。體育班的學生沒那麼脆弱，冒險總還是有意外的，別看得那麼嚴重。你慢慢走，我會童軍簡易包紮術，身上帶有藥品，可以完成傷口的緊急護理。男同學，跟著我，我們先去處理。」

他飛快奔跑的身影，鎮定解決事情的態度，讓我明白，百無一用是「老師」，我連基本的處理突發事件的能力都比學生差。

終於，氣喘吁吁的我和受傷的男孩相遇了。

男孩看來有些慚愧，低著頭，不敢與我眼神交會。

正當我想發飆念幾句時，男孩搶一步說：「小時候，我很愛亂闖、亂跑。有次，冒冒失失跑到大馬路，害媽媽被車撞到，腳因此殘廢了，工作也沒了，我被罵是災星。後來，就被送回鄉下和阿公一起住。那次的經驗，讓我不敢亂跑、亂跳，也忘記奔跑田野的快樂與自在。這次能就讀體育班，讓自己塵封已久的運動細胞又回到血液裡，我覺得好幸福，尤其能和大家在這裡探險。」

男孩至情至性的話語，讓大家深受震撼。

永遠留位子給男孩

「謝謝同學和老師，送我一個那麼美好的尋寶回憶。我趁這個機會告訴大家：我要轉學了，不是大家對我不好，是自己很想念普通高中，我不想投機取巧，或是三心二意。這陣子，我在體育班與普通班的課程中拉扯，結果沒有一樣做得好，連你們這些好朋友都交不到，我真的虧大了……」

感性的女孩們，聽到都眼眶泛淚。

我忍住內心的驚愕，收斂自己的傷感，拍拍他，輕輕地說：「決定了就好，不管你見或不見，念或不念，我們都在這裡，等你。**你永遠是我們的一份子，在班上替你留一個位置。**」

男孩流著淚水，點頭望著我，現在的我只想牽著學生的手，不捨不棄，我的心永遠住著學生的身影，即便離別，還是會默然想念。在寂靜歡喜的時刻，期待未來繼續走在閱讀歷險的路上，與之相遇。

閱讀，療癒了我們（二十六）

《湯姆歷險記》馬克吐溫著

- 頑皮是因為心懷純真，叛逆是因為渴望自由，歷險是因為勇敢的心不想停歇。頑皮、叛逆、歷險，這是成長給予我們的財富。我用文字，記錄下這份年少的輕狂與稚氣。

- 凡是一個人非做不可的事，都叫做「工作」；凡不是一個人非做不可的事，都叫做「娛樂」。
- 人生如一次長長的旅行，旅行中有坦途，也有彎路，你得以平靜的心態面對每一天，挑戰自我，執著向前，一如既往地朝著目的地走下去。
- 人生的旅途有喜有憂，有笑有淚，甚至得少失多，而這一切已構成了你生命旅程的全部。

《綠野仙蹤》法蘭克．包姆著

- 你所需要的是在於你自己信任自己。當遇見危險的時候，沒有一種生物是不害怕的。真正的膽量，是當你在害怕的時候，仍舊面對著危險，那種膽量，你是並不缺少的。
- 世界上再也沒有地方像家一樣。

《金銀島》羅伯．路易斯．史蒂文生著

- 如何判斷一天過得好不好，不要看你收穫了多少，而要看你種下去了多少種子。
- 朋友是你給自己的禮物。

《愛麗絲夢遊仙境》路易斯・卡羅著

・愛麗絲：「假如我不再是原來的我，那接下來的問題便是，我到底是誰？唉，那真是一大困惑！」

・如果你不知道你要去哪裡，那麼現在你在哪裡一點都不重要。只要你一直走，總會走到什麼地方的。

・在我的領地中，你要一直拚命跑，才能保持在同一個位置；如果你想前進，就必須跑得比現在快兩倍才行。

・我已經受夠了你們對我身分的指責，這是我的夢境。從現在起一切由我說了算，我會開出一條路。

【後記】閱讀的新一代推手

「請問，如果想寄封信給您，寄到丹鳳高中，可以嗎？」

「我是南崁高中學生，讀到您的著作《大閱讀》，深受感動。」

「我是閱讀推廣者，也是熱愛創作者，有很多想法，想與您分享。」

二〇一六年聖誕節過後，街頭尚瀰漫著節慶的歡愉。猛然在FB訊息讀到一位高中年輕讀者的傳訊，這是多令人欣喜的信息，尤其喜歡創作、推廣閱讀，讓我多了點私心與之互動。

之後，孩子開始詢問書中關於友誼、愛情、志向等相關問題，也分享自己閱讀的心情，並在新年捎來自製的賀卡，分享歲月遞嬗的美好。

他關注我的專欄，總是第一個按讚，對於我設計的主題式閱讀，興趣盎然。為了突破升學的壓力，開始實踐讀書策略與技巧，支持我買書振興書市的理念，

讓我明白：小小的我們，做著大大的夢。他有他的，我有我的，終將相逢在閱讀的海

上，互放交會時的光亮。

某日，我被工作壓力擊潰信心，在ＦＢ留下情緒性的討拍文。旋即，他就傳來：『閱讀不為什麼目的，它是單純的快樂，希望老師不要氣餒，如果有需要幫忙的地方，麻煩告訴我，我或許能略盡棉薄之力幫助你。』

我被他赤誠的文字打動了，鼓舞了，年近不惑的我，面對工作，面對人生，有時難免仍會升起膽怯之心，害怕之情，那孩子倒是有著初生之犢不畏虎、捨我其誰的豪情，彷彿有信心能把我從絕望的深淵拉起。

不久後，他繼續與我分享成立台灣文學閱讀創作社的消息，希望我能共襄盛舉，參與活動，和他一起努力。他告訴我：社團成立的性質是希望年輕人能多關注文藝資訊，想鼓勵大家追隨張潮的腳步，立行「凡事不宜刻，若讀書則不可不刻；凡事不宜貪，若買書則不可不貪；凡事不宜癡，若行善則不可不癡。」讓閱讀的風氣能在中學真正復興起來。

我開始加入他的社群，閱讀他的創作，關注他分享的資訊，適時轉貼ＦＢ或不著痕跡地按讚留言鼓勵他。

有一日，我收到這封長長的信：

敬愛的宋怡慧老師：

雖然在ＦＢ常常與老師互動，卻沒有好好地介紹自己，讓老師了解我這個忠心的網路讀者。國小六年級時，接觸到網路作家九把刀作品，他說，「人生就是不停的戰鬥！」不僅激起鬥志，也發現文字莫名的吸引力，讓沉浸在文字裡的我好像優游在大海的魚兒。偶爾，迷途時，依賴文字找到人生的答案。

雖然，閱讀的腳步如此緩慢，像隨興地走走看看的旅人，日積月累也走向海量閱讀各種文本的旅程。真正走入文學的殿堂，窺其奧妙是進入高中時期。走進繁花盛開的文學桃花林，文學令我狂戀不已。認識林海音、廖輝英、張曼娟、蔡素芬等人的著作，開始對女性文學有進一步的涉獵。

我的眼是閱讀教我睜的；我的求知欲是閱讀給我撥動的；我的自我意識，是閱讀給我胚胎的。擅自改動徐志摩的詩句，證明我對閱讀真善美聖的熱烈追求。台灣文學研究創作社社員目前幸運地超過一千多人，我決定試辦龍潭客家文學旅行，拜訪鍾肇政老師，走進客家文學，舉辦小型作家研討，推廣明信片交流、抽獎活動。憑藉得之於人者太多，出之於己者太少的感恩之心，讓我感受到為閱讀付出的喜悅。

台灣的書市慘澹著，閱讀人潮沒落了，年輕人對文藝活動也不再積極參與、熱血澎湃，雖走不回文學鼎盛，動輒百萬暢銷書的勝景。但是，我從《愛讀書》到《大閱讀》發現，推廣閱讀要循序漸進，有策略，有方向，才不會分散力量，甚至走錯了路。身為高中生，平日雖課業繁重，卻服膺宋代歐陽修說的：「最佳讀書時，乃為『三上』，即枕上、馬上、廁上。」可見只要肯找時間閱讀，是不愁找不到的。

最近，在睡前閱讀的習慣，放鬆了心情，環抱文字的餘韻進入夢鄉，舉凡人際關係、讀書技巧、心理勵志、名人傳記、時間管理、領導管理……等，都可以成為我的枕邊書。就像老師說的，閱讀是氧氣，自然如呼吸；閱讀像吃飯，肚子餓了，要吃得飽飫；心靈空虛了，要暢快閱讀。謝謝老師，總是願意即時回答我的提問，也在我做的小事上給予很多支持。閱讀不為什麼目的，就是傳遞單純的快樂；寫信給老師不為什麼，就是想替你打氣，你是很棒的閱讀教師。還有，我對學校推廣閱讀活動與課程也有一些淺見與提案，請老師為我解惑，提一盞明燈照亮我的路。

最後，若是方便煩請您看一看附件，那是一份打算上書給學校的閱讀公函。

敬祝教安

○○

面對一位年輕讀者，甚至矢志推廣閱讀的高中生，我得思考要如何與他對話，如何透過魚雁往返，走在閱讀路上，相互支持、彼此提攜。我們素未謀面，熱情的文字夾帶一份公函，那是孩子想用極端的方式為閱讀發聲，讓學校能正視閱讀的重要性的發聲。

孩子的公文寫得鏗然有力、鞭辟入裡，但多了犀利，少了溫婉。那晚，我在床上輾轉反側，提筆多次又擱筆多次。

我要如何說明，才不至於讓他感覺我潑了冷水，又能換個方式讓更多人看見他閱讀推動者該有的高度與亮度呢？

只憑藉單方面的文字交流，真能讓他明白我的擔心與激賞？又真能實質在閱讀推廣上給予他實質助益？而不是遍體鱗傷的阻力？這孩子太有膽識，也太有正義感，對閱讀的激情，讓他毅然決然以飛蛾撲火的方式燃燒自己，但，這是長久之計嗎？

在糾結的時刻，紀伯倫《先知》的文字讓我恍然大悟地清明起來。

我得讓孩子在閱讀中成長，成長中因閱讀而豐收，他將是未來閱讀推廣重要的新一代推手，這份熱情要捱過曲曲折折，熬過淒淒冷冷，才能長長久久，等待發光發熱。

親愛的〇〇：

紀伯倫說：「任何人能夠給你的啟發，其實都已經在你知識的曙光中半睡半醒。」老師漫步在神殿的暗影中，走在門徒之間，他們奉獻的不是智慧，而是信念與愛心。看完你的信件，心裡很溫暖！在青少年離棄閱讀的時代，你願意從自己做起，甚至成立文藝復興社團，更想捲起袖子擴及校園，甚至整個社會，讓閱讀成為顯學旋風，這份精神令人感佩。想起黛綠年華的我，耽溺於悲秋傷春的小情小愛，你的遠見和拚勁都讓我望塵莫及了。大無畏的熱情點燃我對新世代閱讀推廣的信心，為了閱讀，當然應該高調地宣導、堅持理念，讓更多人走進閱讀，甚至受惠於閱讀的美好。

溫柔的堅持往往比直率的衝撞更為圓滿。每個工作，每個位置，都有其限制與為難，並非每個人都如你我，對於信念與價值，能心無旁騖，勇往直前、堅定不移，永遠不回頭。一如我在〈與妻訣別書〉和孩子們談及的，能夠從容就義，實現救國之念，是大義；面對大腹便便的妻子，讓她的漫漫人生，孤寡一世，又何其悲涼無情。做事的角度與面向，未能思及或考量的頗多，決定之前，容許自己再多點時間思考，做出最好的決定，好嗎？

你是學校得來不易的明日之星，善用閱讀智慧，把握溫柔堅持，讓學校閱讀因你的推廣而成林成蔭。忝為人師，一點淺見，不知是否認同？

韓愈之於李蟠，亦如我之於你的相遇。

若是萍水相逢，匆匆一瞬，揮一揮衣袖，不帶走一片雲彩。

若是終生志業，效法墨子兼愛精神，摩頂放踵，利天下為之。

當年李蟠，年十七，好古文，六經的經傳都能廣泛地學習，且不受時俗風氣的拘束，向韓愈拜師學習。韓愈因而讚許他，能遵行古道從師問學，作〈師說〉贈與他。

老師是否能腆顏地把你當成現代李蟠，於公在不同的學校，善用彼此的優勢共推閱讀活動，於私善盡為師傳道、授業、解惑的職責，事事提點盡心。至於，你想以公文方式行文給校方，論及校園多年來推廣閱讀的得失與建議，此事是否能再妥善思考，顧全大局之後，再做最後的決定？

音訊杳然幾週，孩子沉默的態度，終讓我有些心焦。心有靈犀似的，想傳訊的那晚，孩子提前一步寫來：

親愛的怡慧老師：

最近準備考試，遲了回信，勿怪之。謝謝你提醒我，溫柔敦厚的師教。今日印製《愛讀書》校園推廣五十招提供校方參考，校方不只支持，還提出更多的發想。一如你說的：先溝通觀念，同理彼此立場，做出雙贏的策略。

最近，按照老師推薦的書單，按圖索驥地買書閱讀、充實自己，尤以鹽田三部曲震撼我的感知。如果《鹽田兒女》留住過往台灣鹽田生活的想像，我在小說中看到台灣從前鹽田勞動者的勤儉踏實。如果《橄欖樹》傳唱的不只是八〇年代的民歌精神而已，我窺見作家寄託人生理想的盼望；《星星都在說話》讓喜歡仰望夜空星子的我，找到希望之光。

那個美好的時代，我來不及參與，蔡素芬卻用文字把曾經留下來，那些時代，那些生活，在文字沉澱下來的悲歡離合，流傳恆遠在每位讀者的心中。

孩子充滿自覺清新的文字，不只代表長江後浪推前浪的世代交替，閱讀帶給他成長，成長之後，繼續走在閱讀的旅程中，這是欣喜的相遇，更是溫暖的傳承與交棒。

後來，我推薦黃益中《向高牆說不》新書，希冀他在文字中，找到世界公民的素養與啟發，期盼他能和村上春樹的選擇一樣：「在高大堅硬的牆和雞蛋之間，我永遠站在雞蛋那方。」

益中的書不只讓他流下男兒淚，這股閱讀的力量，也轉化成他以高中生的身分，自主舉辦全國青年文學營的勇氣。積極尋找贊助資源，要我協助拍攝推廣影片，邀請到的鑽石級作家講師陣容：蔡素芬、Peter Su、鄭文燦、謝鴻文、瓦歷斯諾幹等作家，連桃園市長鄭文燦都站出來支持他。

二〇一七年八月，他在自己的故鄉桃園，播下第一顆文藝復興的文學種子，風風火火地開辦屬於他的全國高中生閱讀聚場。這是上天送給我的奇異恩典，孩子在閱讀中找到隱形翅膀，飛過絕望，看見希望，閱讀的夢想都開花了。

在閱讀的路上，在閱讀中成長，在成長中閱讀。文字烙印在心版的是永恆感動，衝破迷霧後的喜悅是豪氣拭淚，閱讀的薪火，代代相傳，舉目可待的閱讀美景，讓人期待。

國家圖書館預行編目資料

療癒26顆破碎的心：怡慧老師的閱讀課
／宋怡慧著. --初版. --臺北市：寶瓶文
化, 2017. 12
面；　公分. --（catcher；92）
ISBN 978-986-406-109-9
1. 閱讀　2. 教育　3. 文集
520.7　　106023017

catcher 092

療癒26顆破碎的心——怡慧老師的閱讀課

作者／宋怡慧（教育部閱讀磐石獎閱讀推手獎得主、聯合線上專欄作家）
副總編輯／張純玲

發行人／張寶琴
社長兼總編輯／朱亞君
資深編輯／丁慧瑋　編輯／林婕伃
美術主編／林慧雯
校對／張純玲・陳佩伶・劉素芬・宋怡慧
營銷部主任／林歆婕　業務專員／林裕翔　企劃專員／李祉萱
財務／莊玉萍
出版者／寶瓶文化事業股份有限公司
地址／台北市110信義區基隆路一段180號8樓
電話／(02) 27494988　傳真／(02) 27495072
郵政劃撥／19446403　寶瓶文化事業股份有限公司
印刷廠／世和印製企業有限公司
總經銷／大和書報圖書股份有限公司　電話／(02) 89902588
地址／新北市新莊區五工五路2號　傳真／(02) 22997900
E-mail／aquarius@udngroup.com

著作完成日期／二〇一七年十月
初版一刷日期／二〇一七年十二月二十九日
初版四刷+日期／二〇二年九月二十七日
ISBN／978-986-406-109-9
定價／三二〇元

AQUARIUS 寶瓶文化事業

愛書人卡

感謝您熱心的為我們填寫，
對您的意見，我們會認真的加以參考，
希望寶瓶文化推出的每一本書，都能得到您的肯定與永遠的支持。

系列：Catcher 092　**書名：療癒26顆破碎的心——怡慧老師的閱讀課**

1. 姓名：＿＿＿＿＿＿＿　性別：□男　□女
2. 生日：＿＿年＿＿月＿＿日
3. 教育程度：□大學以上　□大學　□專科　□高中、高職　□高中職以下
4. 職業：＿＿＿＿＿＿
5. 聯絡地址：＿＿＿＿＿＿＿＿＿＿＿＿＿＿

   聯絡電話：＿＿＿＿＿＿＿　手機：＿＿＿＿＿＿＿
6. E-mail信箱：＿＿＿＿＿＿＿＿＿＿

   □同意　□不同意　免費獲得寶瓶文化叢書訊息
7. 購買日期：＿＿ 年 ＿＿ 月 ＿＿日
8. 您得知本書的管道：□報紙／雜誌　□電視／電台　□親友介紹　□逛書店　□網路

   □傳單／海報　□廣告　□其他
9. 您在哪裡買到本書：□書店，店名＿＿＿＿＿　□劃撥　□現場活動　□贈書

   □網路購書，網站名稱：＿＿＿＿＿＿　□其他＿＿＿＿＿
10. 對本書的建議：（請填代號　1. 滿意　2. 尚可　3. 再改進，請提供意見）

    內容：＿＿＿＿＿＿＿＿＿＿

    封面：＿＿＿＿＿＿＿＿＿＿

    編排：＿＿＿＿＿＿＿＿＿＿

    其他：＿＿＿＿＿＿＿＿＿＿

    綜合意見：＿＿＿＿＿＿＿＿＿＿＿＿＿＿＿＿＿＿
11. 希望我們未來出版哪一類的書籍：＿＿＿＿＿＿＿＿＿＿＿＿

讓文字與書寫的聲音大鳴大放

寶瓶文化事業股份有限公司

（請沿此虛線剪下）

廣 告 回 函
北區郵政管理局登記
證北台字15345號
免貼郵票

寶瓶文化事業股份有限公司收

110台北市信義區基隆路一段180號8樓
8F,180 KEELUNG RD.,SEC.1,
TAIPEI.(110)TAIWAN R.O.C.

（請沿虛線對折後寄回，或傳真至02-27495072。謝謝）